희미하지만

빛나고 있어

이겸 지음

차례

작가의 말 _06

1장. 과거를 유영하고 있어

사랑의 경험 _10 | 비의 흔적 _11 | 1년 뒤에 받는 편지 _13 | 큰 귤이 시다 _15 | 알려주지 마 _17 | 사람, 저마다의 계절 _19 | 첫사랑 _21 | 무지개 같은 것 _23 | 고백은 아침에 _25 | 밤의 낮달 _26 | 펜으로만 전해지는 마음 _27 | 비에 녹은 마음 _28 | 이름의 비밀 _30 | 무채색 낭만 _32 | 바다의 인절미 _33 | 싸워도 우산은 써 _36 | 습기 제거제 _37 | 검은 세상 _39 | 사랑싸움 _40 | 처음처럼 _42 | 받는 마음 _42 | 금이 가다 _45 | 지각한 삶 _47 | 너와 헤어지고 _49 | 진단 _50 | 단골 _53 | 슬리퍼를 신고 만나는 사이 _54 | 무의식적으로 _56 | 어항 속 물고기 _57 | 그때 그 사과 _59 | 우리집 _61 | 500원짜리 추억 _63 | 집 지어드릴게요 _65 | 네 눈에 비치던 _67 | 빨간 동그라미 _68 | 사랑 테스트 _70 | 놀이터 친구 _72 | 멀어질수록 짙은 그림자 _74 | 무지개가 뜨면 _75 | 수취인 불명 _77

2장. 뒷걸음질 치다 만난 행복

스밀 수밖에 없는 _82 | 같은 방향의 거울 _83 | 되찾을 것 _84 | 작은 그릇을 품은 사람 _85 | 과거와 현실 사이 _87 | 이기적인 나 _88 | 갓 지은 밥 _91 | 일기 _92 | 깨진 마음 _94 | 가사들이 내 이야기 같을 때 _96 | 시선을 느끼며 살자 _98 | 버리는 법 _100 | 기대의 부피 _103 | 미아 _104 | 헌 옷 _105 | 희석 _107 | 유서를 쓰세요 _109 | 조난 _111 | 반만 나온 사진 _113 | 종량제 봉투 _115 | 운수 좋은 날 _116 | 기대는 연습 _117 | 더 높은 곳이 있더라 _118 | 걱정을 버리는 법 _119 | 추억의 틈 _121 | 비울 수 있는 용기 _122 | 잃어버린 낭만 _123 | 폭우 _125 | 과거로 _126 | 내가 좋아하는 것 _128 | 나그네와 여행자 _129 | 정답은 없습니다 _130 | 존재 자체로 _131 | 있잖아, 만약에 _133 | 기울어진 시소 _135 | 작은 것들은 빠르다 _137 | 질주하는 마음 _139 | 한쪽만 썩은 양파 _140 | 중간 저장 _142 | 엉망인 나날의 위로 한 줌 _144 | 곰곰이 _146 | 불멍 _148 | 종착지가 없는 버스 _150

3장. 피기 전까지는 모르는 꽃처럼

셀 수 없는 감정 _154 | 명대사의 공허함 _156 | 변하는 사람 _158 | 나는 내 인생의 주연일까 _160 | 잃어버린 퍼즐 조각 _162 | 초록색 정지 표지판 _164 | 벅찬 순간 _166 | 어떤 청춘 _168 | 실수 _169 | 무너져 내릴 댐 _171 | 사랑하는 내 가시밭길 _173 | 마음가짐 _175 | 너의 아픔은 나의 즐거움 _178 | 계절마다 피는 꽃 _181 | 나 돈 좀 빌려줘 _182 | 첫차는 누군가의 막차 _185 | 있는 그대로 사랑해 _187 | 향내 _188 | 비 온 뒤 흐림 _190 | 피해자만 오는 병원 _192 | 핫팩 같은 따스함 _194 | 곰팡이 핀 벽지 _196 | 북향의 방 _197 | 가장 중요한 것 _198 | 남의 떡이 더 커 보인다 _200 | 신호등 앞 정지선 _202 | 동그라미로 태어나는 _203 | 나만 그런 줄 알았지 _204 | 엄격한 기준 _205 | 한걸음 뒤로 _206 | 사용한 사람 _208 | 가면을 벗고 _210 | 좁은 창틈 사이로 _212 | 엉망인 하루 _213 | 흐르는 것 _214 | 물속 빙하 _215 | 들꽃이 핀 자리 _216 | 담장 위 유리 조각 _217 | 웃자고 한 말 _219 | 용기라는 백지 _220 | 포기하자 _222 | 너는 뭐가 되고 싶니 _223 | 덕분에 고마워 _225 | 후회를 맡기다 _226 | 빛의 온도 차 _228 | 멋쟁이 할머니 _230 | 어른 그리고 어른이 _232 | 네가 먼저 연락해 _233 | 파도로 바위 깨기 _234 | 사랑은 _235

4장. 말이 없는 지평선 끝에서

유서 _247

글을 닫으며 _248

작가의 말

안녕하세요.
자주 넘어지지만, 극복하는 법을 자주 깨닫고
하루를 마지막인 것처럼 살아가는

모두의 마음을 아우르고 안아주고 싶은
파도와 달 겨울 그리고 감정을 사랑하는 사람
이겸입니다.

첫 책인 '늪에 빠진 달'에서는
제 5년간의 삶의 우울을 담았고

불안정한 모습을 사랑하려고 애쓴 만큼
사람들에게 우울한 공감이 담긴 위로를 주고 싶었어요.

감정 중에 우울을 제일 편애합니다.
불안한 점이 제 모습과 닮았어요, 흔들리는 것도요.
그래서 가장 사랑합니다.

제 감정이라는 걸 인정하기까지
너무나 오랜 시간 걸리긴 했지만요.
감정을 다 수용한다는 게,
그렇게 어려운 일인지 몰랐습니다.

볕을 받으며 지내오진 못했지만,
작지만 힘껏 빛나기 위해 애쓰는 제 빛을
나누어 드리고 싶습니다.

제 두 번째 삶을 읽으러 와주신
독자님들께 감사드립니다.

_겸 드림

1장

과거를 유영하고 있어

사랑의 경험

사람에겐 사랑의 경험이라는 게 있다.
물론 경험이 없는 것보단 많은 게 유리하다.

하지만,
정말 순수한 마음을 가지고 다가온 사람에게는
수많은 경험이 소용이 없다.
과거에 얼마나 길었는지 깊었는지 소용이 없다.

그 사람의 순수한 마음을 발견하고 나면
다른 사랑은 희미해지기 때문이다.

이 사람이 아니면 안 될 것 같다.
이 사람에겐 없는 시간도 만들어서 만날 수 있겠다,
무엇보다 우선시할 수 있겠다는 마음이 든다면
'이번에도 경험이겠지' 가 아니라
더 깊이 생각하며 평생 함께하고 싶은 사람으로 만들길.

사랑은 망설이는 순간 저 멀리 빠르게 도망가기 바쁘니.

비의 흔적

물웅덩이,

이름마저 귀여운 웅덩이
비가 오면 장화 신고 뛰어노는 웅덩이
참방참방 소리도 경쾌해.

어릴 때는 웅덩이 속에
다른 세상이 있을 거라 생각했다.

그래서 힘차게 점프해 웅덩이로 들어갔다가 옷만 젖고,
물에 젖은 김에 '온몸으로 비를 맞자!' 하며
장대비를 흠뻑 맞고 집으로 돌아왔다.

그렇게 뛰어놀다 집으로 돌아왔을 때는
왜인지 상쾌했다.

젖은 옷을 벗어 던지고
뜨끈한 탕에 몸을 녹이고 나오면
어머니께서 타 주시던 유자차,
그게 그렇게 맛있었다.

장마가 다시 찾아오면,
비를 흠뻑 맞으러 밖으로 나가보는 건 어떨까.

걱정과 근심이 조금이나마 씻겨나갈 수도
어쩌면 따뜻한 유자차가 기다릴 수도 있지 않을까.

이렇듯 하늘이 대신 울어주는 날이 있다.
나의 슬픔은 알지도 못하면서.

하지만 우리는 그렇게 위로받으며 살아간다.

1년 뒤에 받는 편지

여행을 다니다 보면 간간이 보이는 곳이 있다.
바로 1년 뒤 도착하는 엽서 같은 것,
일부러 늦게 도착하게 만든 시스템을 가진 편지함.

그런 곳이 보이면 지나치지 못하고 멈춰 선다.

미래의 나에게 건넬 두어 줄의 문장을 적고
그 옆의 작고 빨간 우체통에 넣고 돌아온다.

그러다 잊힐 때쯤 엽서가 도착하고
내가 새긴 추억이 와 있다.

하나의 추억을 반으로 나누어 받았다고 생각한다.
그렇게 조금씩 삶의 의지가
올라가는 것 같은 느낌도 들고.

지금은 많이 사라진 시스템이지만
1년 뒤 우편함이 있다면,
미래의 나에게 편지를 써보는 건 어떨까.

다시 받은 그 작은 엽서 한 장에
그날의 온도, 감정들을 선물 받은 기분일 것이다.

종이를 타고 흐르는 향내에도 그 순간이 있다.

큰 귤이 시다

어느 날은 어머니께서 귤을 사 오셨다.

보통 작은 귤이 시고 큰 귤이 달았기에
작은 귤을 시식하고 큰 귤을 사 오셨던 것이었다.

어머니 말대로 작은 귤이 아주 달콤했다.

작은 귤이 하나였기 때문에 그다음은 큰 귤을 먹었고
웬일인지 큰 귤이 너무너무 시었다.
'이 귤만 그렇겠지' 하고 다른 큰 귤을 먹었는데 같았다.

이런 상황처럼 내 상황과 마음이
마음대로 되지 않는 때가 종종 있다.
그냥 그럴 수도 있는 일인데 말이다.

사람의 첫인상을 보고,
'저 사람은 어떠어떠한 사람일 거야' 라고
생각하는 것도 마찬가지이다.

사람과 사람 사이는 유심히 들여다보고
생각해 봐야 한다.

알려주지 마

똑같은 일상을 살다가 툭 튀어나오는 말,
사소한 것을 알려주려는 말.

그런 것을 들을 때 나는 불안해진다.
왜인지 이걸 알려주는 게
나를 떠나기 전의 준비인 것 같아서.

그래서 알고 있으니 알려주지 말라고 말하곤 한다.
내 마음이 너무 불안해지니까.

그런 의도가 아니었을지 몰라도
살면서 그런 경우를 더 많이 겪어 왔으니까
나도 모르게 방어 태세를 취하게 된다.

알려주는 순간은 걱정과
미련의 마음으로 가득하겠지만,

훗날 생각해 보면 하나씩 실패하면서
더 가득히 생각나는 사람이 될 테니.

사람, 저마다의 계절

보통 지인이나 친구들을 만날 때
약속을 잡고 만나곤 한다.

만나는 사람에 따라 날이 아주 좋아도
금방 비가 쏟아질 것 같은
불안감에 휩싸여 조마조마한 날이 있다.

또 다른 날은,
추운 계절인데도 살랑살랑 봄 같은
마음이 들 때도 있다.

참 매력적이라고 생각한다.
마음 온도에 따라 계절을 바꿀 수 있다는 점이

만나는 사람이 설레는 사람이면
봄바람이 불어오는 것 같고

면접을 갈 땐 마치
땡볕을 맞고 있는 것처럼 땀이 나고
이별의 직감이 드는 날은
바람 쌩쌩 부는 겨울 같기도 하듯이

시간이 지나면 각자의 온도와 계절이 생기는 것 같다.
추억을 채워 넣으며 더 빛나게 되기를 바란다.

첫사랑

첫사랑이 딱 그렇다.
재단기로 깔끔하게 자를 수 없는 그런 사이

연애가 끝이 나면 깔끔하게 끊을 수 있지만
첫사랑은 그럴 수가 없다.

아직도 생각이 진하게 난다.

멍한 시야로 바라보던 눈동자의 반짝임 같은 것
신발 끈이 풀리면 묶어 주던 손길 같은 것
립밤이 없을 때 나누어 주던
조그맣고 귀여운 입술 같은 것
나를 위해 항상 챙겨 다니던 작은 소지품 같은 것들.

참 아기자기하고 마음이 여렸던 사람이었다.

사랑만으로도 사랑이 되던 나이,
철없던 세상을 함께 거닐었던 사람이 첫사랑이다.

시간이 많이 지났지만, 가끔 생각한다.

'그 사람도 나를 그렇게 생각하고 있을까?'
'잘려 나간 기억이 아닌 사람이었으면 좋겠다.'
'그렇다면 참 좋을 텐데..'

난 분명 당신과 이별했는데
이런 생각이 들 때면 당신이 옆에 있는 것만 같다.

자꾸만 마음으로 새어든다.

무지개 같은 것

널 만난 건, 폭우처럼 쏟아졌던 지난날
우울함에서 갇혀 있을 때였다.

우산을 아무리 쓰고 우비를 입어봐도
온몸이 흠뻑 젖을 만큼 아팠을 때
화창하기만 했던 나의 인생에 처음으로 비가 내렸을 때.

손 내밀어 주며 이 비를 같이 맞아주겠다고
우리 지금 여기서 같이 춤추자고
이런 게 낭만이지 않겠냐고

나를 그렇게 다독다독해주며 천천히 길을 벗어나
구멍이 난, 네 처마 밑으로 끌어줬다.

그게 그렇게 좋았다.

차가운 빗속에서 잡은 너의 따스한 그 손이
나와 함께 발맞추며 천천히 추던 우리의 춤이

지금은 내 곁에 없지만
그렇게 나를 꺼내어 줘서 고마웠다.
덕분에 비를 피하지 않는 법을 배웠으니.

이렇게 행복한 순간을 나누어준 네 행복을 빈다.

그만큼 내 행복이 없어지는 것이 아니라
더 커지는 일이니까.

그리고 만약, 아주 만약에

다시 만나는 순간이 찾아온다면
내 마음을 남기지 않고 모조리 줄게.

고백은 아침에

뇌는 아침에 한 말을 더 오래 기억한다고 한다.

어쩌면 당연한 일이 아닌가 싶다.

아침에 일어나서 잘 잤냐는 말이나
듣고 싶었던 말을 들으면 종일 생각 나겠지만

잠들기 전 하는 말은 어떤 달콤한 말이라도
일시적이게, 기억할 수밖에 없다.

꿈을 꾸거나 자는 사이 희미해지니까.

종일 그 사람의 기억에 남고 싶다면
일어나자마자 떠오르는 소중한 이가 있다면

아침에 고백해 보자.
어쩌면 달콤한 일이 일어날지 모르는 일이다.

밤의 낮달

낮달을 참 좋아합니다.
밤에 뜨는 초승달도 좋아합니다.

그리고 낮보다는 새벽을 더,
새벽보다는 깊은 밤이 더 좋습니다.
심장이 두근거리는 일보다는 편안함이 더 좋습니다.

이렇듯 사소함 속에도 좋아하는 것이 있어요.

질리도록 싫증 나는 삶 속에서도
나만의 낮달을 찾아보면 어떨까요?

펜으로만 전해지는 마음

펜으로만 전해지는 마음들이 있다.
편지나 못 전한 마음속 메모 같은 것.

텍스트로 뽑아서 주는 것도 정성이지만
직접 종이를 펼치고
손에 펜을 쥐고 써 내려가는 마음들

마음까지 뽑아주는 인쇄기는 없을 거다.

특별한 날에만 쓰는 손 편지 말고
특별하지 않은 날에도 가끔 내 마음 담아
가까운 사람에게 전해보자.

배로 전해진 내 마음이
상대 마음에 더 가까이 전해질 거라고 생각하며.

삐뚤빼뚤한 글씨여도 좋다.
서툴고 꾸며지지 않은 모습이 더 와 닿는 것이니.

비에 녹은 마음

장대비가 쏟아지는 날 이별을 했던 날이 기억난다.

친구와 만나 술을 마시고 집으로 돌아가는 길이었고
갑자기 비가 내리기 시작하더니 막 쏟아부었다.
당황했지만 집이 근처라 뛰어가면 되겠다 싶었다.

그 길로 뛰다가 문득,
먼 길로 돌아가고 싶은 마음이 들었다.

그렇게 비를 맞으며 천천히 먼 길로 돌아
집으로 가는 길,

갑자기 내가 처량하게 느껴져
바닥에 주저앉아 울어버렸다.
그 비가 내 눈물을 닦아 함께 내려주는 것 같았다.

집에 갈 생각은 안 들어서
아예 바닥에 앉아 울다 지칠 때까지 울었다.

울 만큼 울고 집으로 들어가
따뜻한 물에 몸을 녹이고 잠자리에 들었었다.

너무나 따스했다.

비가 가랑비든 장맛비든
누구나 한 번쯤은 비를 맞아 본 적이 있을 것이다.

이번엔 함께,
다시 그 빗속으로 뛰어들어 볼까요?

응어리진 아픔 녹아내릴 수 있게 내가 안아줄게요.

이름의 비밀

내 이름의 한자는 겸할 겸이다.

자연을 사랑하고 아끼고
다른 사람들을 포용하라는 뜻
그렇게 모든 걸 아우르라는 뜻의 한자.

사실 아직 난 미숙하다.
제일 어려운 건 사람 마음을 이해하는 것이다.

어떻게 해야,
사람들의 마음을 포용하고 이해할 수 있을까.

여러 가지 나름대로 실천하다가 깨달았다.
나는 내 사람들만 포용하면 된다는 것.

응원하고 사랑해 주는 주변 사람들만 챙기기에도
인생은 짧고도 소중하다.

그때부터,
아닌 건 버리고 맞는 것만 가지는 습관을 들였다.

나뿐 아니라,
내 주변 사람들도 그렇게 다가오는 게 느껴졌다.

우린 가치관, 성격, 살아온 환경마저 다르지만
하나는 같아졌으면 좋겠다.

내 사람을, 내 시간을 소중히 여기는 일.

그것보다 중요한 건 없다.
세상에서 제일 소중한 건 당신이다.

무채색 낭만

낭만은 사실 무채색이다.
과거가 낭만이 곧 낭만이기 때문일지도 모른다.

과거에 좋았던 경험
그 사람과 추억 같은 것

이제는 너무 멀어 무슨 색이었는지 형용만 할 뿐
생각이 잘 나지 않는다.

난 그래서 낭만을 무채색이라고 여긴다.

가끔은 과거에 엉켜있는 무채색의 날로
하루를 보내보는 것도 좋다.

바다의 인절미

너와 바다를 갔을 때
해가 쨍쨍한 여름이었다.

비가 와서 놀 수는 없었지만
다음 날은 아쉬운 마음을 안고 떠나려는데 해가 떴다.

우리는 신이 나서 짐이 가득 담긴
캐리어도 집어 던지고
바다로 달려 들어갔다.

잠시, 영화 속의 주인공이 된 듯한 느낌이 들었다.
약간의 가랑비와 우리의 흩날리는 시간들

그 사람은 항상 나를 주인공으로 만들어줬었다.

우리는 물방울들과 사랑을 증명했고
다시 모래사장으로 나와 모래찜질을 했다.

나는 모래에 갇히는 게 무섭다고 했고
너는 알았다며 반만 묻어 주었다.

마음이 따뜻해서인지,
물이 차가웠던 탓인지는 잘 모르겠지만

숨 막히지 않도록 해주고
몰래 사진을 찍어 보여주었다.
너무 귀엽다고 사랑스럽다고

세상에서 제일 행복했었다.

우리의 커플티
바닷물에 젖어 엉겨 붙은 모래알들
나를 덮어주던 네 손에 묻은 모래알까지

서로 콩고물 같다며 귀여워했고
물기만 대충 닦은 몸으로
버스를 타고 집으로 오는 중

잠이 들어 까딱거리는 얼굴이 귀여워
머리를 어깨에 기대주며 웃음 지었었다.

바다를 좋아하는 나를 위해
항상 바다로 떠나줬던 사람
손만 닿을 거리라면 미친 척 뛰어가 안아주고 싶다.

오늘은 네가 사무친다.

싸워도 우산은 써

사랑이란 게,
참 모순적이에요.

싸워도 우산을 씌워주는 것처럼요.

습기 제거제

여름,

장마철이면 습기 제거제는
필수로 사는 물품 중 하나다.
비는 습기 제거제가 있어 습기를 유지할 수 있지만,

눈물은 그리고 아픔은
제거제도 없이 눅눅함만 가득 차오른다.

어떻게 해야 할까.
가만히 방치해두면 더 쌓여만 가는 게 아픔일 텐데

임시방편이라도 좋으니
잠시 막아 둘 수 있는 대체가 필요하다.

슬플 때 펑펑 우는 것이 될 수도 있고
슬픔을 나눌 사람을 찾는 것일 수도 있다.

그렇지만 사랑으로,
사람으로 덮지만 말았으면 한다.

사랑은 혼자만으로도 행복할 수 있을 때 하는 거니까.

검은 세상

어릴 적 누구나 이런 경험이 있을 것이다.

누군가 눈을 감아보라고 하고 뭐가 보이냐고 물으면
깜깜해서 아무것도 안 보여 대답하고,
'그게 네 미래야' 하는 그런 장난.

물론 농담이겠지만,
다르게 생각해 보면 맞는 말인 것 같기도 하다.

하지만 실망할 필요는 없다.
검은 세상에도 명도는 존재하니까.

사랑싸움

사랑하면 맞지 않는 부분들이 넘쳐난다.
그 때문에 연인과 다툼이 일어난다.

다툼이란 같은 짐을 함께 들고 있다가
한사람이 놓아버리는 것.

화해는 놓아버린 짐을 다시 함께 주워 담는 것.

하지만 주워 담았다고 해서
바닥에 남은 작은 조각들은 사라지지 않는다.

처음부터 잘 조율하고 함께 들고 갈 짐을
서로 배려하며 들고 가야 한다.

조율하는 그 부분이 평생 가져가야 할 숙제다.

와중에 익숙함이 찾아와 갈라놓으려 한다면
뻔하지만 익숙함에 속아 소중함을 잃지 말자.

어이가 없네

살다 보면 작은 것의 소중함을 느낄 때가 있다.
마치 맷돌 손잡이가 없어 돌릴 수 없는 것처럼 말이다.

큰 목소리보다 작은 목소리에 더 집중하듯
큰 것보다 작은 것에 더욱 귀를 기울이고 살펴야 한다.

그렇지 않다면 우린 서서히 이별해 갈 것이다.

이별은 익숙해지지 않는다.
이별은 무뎌지지 않는다.

상대의 작은 목소리와 행동을
조금 더 섬세하게 보라는 말이다.

고장 나 작동하지 않는
장난감 하나에도 배울 것이 있다.

처음처럼

세상에 처음이 아닌 것이 있을까요.
날씨도 마음도 모두 완전히 같을 수는 없는데

첫 만남에서 첫인상도 사람마다 다르고
내 마음이라고 다르지 않을 수도 없다.

항상 처음을 살고 있다.

새로운 마음으로,
그리고 마지막인 마음으로

받는 마음

작은 선물이나 손 편지를 주는 것을 좋아한다.
그래서 지인들이나 친구들에게 선물을 자주 했었다.

하지만 어느 순간부터 그 순간들이 줄어들었다.

애써 생각해서 주었지만,
받는 사람 얼굴이 좋지 않은 걸 보고 난 후

주는 사람 마음과 받는 사람 마음은 다르다.

주고받을 것을 생각하지 않고 줬지만,
주는 마음보다 상대 표정이 아프게 느껴질 때가 있다.

뭐든 건 적당히,
상대의 입장에 서서 또 한 번 생각하게 되었다.

아무리 내가 좋아서 준다 해도
받는 사람 마음에 들지 않는 건 어쩔 수 없는 일이니까
꼭 맞을 수는 없으니까

상처받아도 그것도 내 몫이니까.

금이 가다

가족들과 여행을 갔을 때,

한 달도 안 된 핸드폰을 들고 뛰다가 금이 가서,
무릎이 까진 줄도 모르고
여행 내내 금만 바라보던 때가 있었다.

금이 간 곳을 매일 바라봤지만
아무 일도 일어나지 않고 정상으로 작동했고

그렇게 일 년이 지나고 나니
점점 더 깨진 금과 터치가 안 되는
핸드폰이 되어있었다.

그렇게 한번 금이 간 것은 더 잘 깨지기 마련이다.

한번 상처받았던 마음이라고 덜 아프지는 않다.
그리움도 만난다고 해서 덜 그리워지는 건 아니다.

상처가 흉터가 되어 덜 아픈 게 아닌 것처럼
흉터를 볼 때마다 그 장면이 생각나는 그런 것.

지각한 삶

난 세상의 순서대로 살지 않았다.
철저히 무시한 채 살았던 것 같다.

노는 것을 좋아해서 많이 놀고 일탈도 하고
부모님 속도 많이 썩였다.

엉뚱하다는 소리도 많이 듣고
반대로 요즘 애들 같지 않게
어른스럽다는 소리도 들었다.

남들 다 가는 수학여행도 못 가보고
수능도 안 보고 남들 공부하는 시간에 놀았었다.

디자인을 전공했지만,
화장품 판매 일을 했고

공부도 안 했었지만,
뒤늦게 자격증도 많이 땄다.

인생에 정해진 순서를 지킬 필요는 없다,
주변 환경이 만든 틀일 뿐

남들보다 조금 느리고 힘들다고
생각이 들 수도 있겠지만

지금이라도 늦지 않았다.
언제나 어느 곳에서나 늦은 건 없다.

너와 헤어지고

너와 헤어지고 오랜 시간이 지났다.
아직도 여전하게 그리울 때가 있다.

이건 네가 그리운 게 아니라
그때의 감정들이 그리운 거겠지

수십 개 계절이 지나고 나서
어떤 노래 한 곡을 들었는데
네 향이 아주 깊게 났다.

제목도 가사도 모두 너를 향해있었고
지금도 그 노래를 듣고 있다.

오늘은 비가 많이 온다.
넌 지금도 여전할까?

오늘은 네가, 진하게 스며들도록 그리워해야겠다.

진단

처음 우울증과 공황장애 진단을 받은 날
제 발로 병원을 찾아갔다.

2주 정도 버티다가
계산조차 하지 못하는 나를 보고 놀랐기 때문이다.

병원에 가서도 말하지 못하지 않을까
걱정되어 종이에 증상들을 적어갔고
그 후로도 몇 달여간을 그렇게 진료를 받았다.

지금은 병원도 옮기고 의사도 바뀌었지만
전처럼 많이 떨리고 두근대지 않는다.
감정 조절을 잘하지 못해
우는 횟수도 아주 많이 줄었다.

언제 끝날지 모르는 이 약 봉투들과
우울들의 출처를 당장이라도 지우고 싶지만

그러지 않아도 이따금 행복할 때가 있다.

그만큼 행복은 상대적인 것 같다.

제일 아팠을 때를 생각하면 지금이 더 낫듯이
병원을 찾아가는 일이 수월해지고
아픔을 남에게 이야기하는 것이 두렵지 않아 진 것

우울은 부끄러운 게 아니라는
선생님 말씀을 듣고 인정하게 되었다.

아주 오랫동안,
다른 감정들보다 수면 위로 떠다니던 나의 우울을

진단만 받지 않았을 뿐이지
우린 모두 우울과 불안, 모두 가지고 있다.
정도와 깊이만 다를 뿐

그러니 괜찮다.
나약한 나도 이렇게 견뎠는걸

지금 당신이 어떠한 이유로든 힘들다면 극복할 거다.
기필코, 반드시, 꼭.

단골

나는 한 음식에 꽂히면 그 음식만 먹는다.

화장품 판매 일을 했을 때는
아래층 가게의 비빔국수만 먹었고
또 어느 때는 근처의 중국집에서 짬뽕밥만 먹었다.

옷 가게를 가는 것도 마찬가지다.
한 쇼핑몰에 꽂히면 그 쇼핑몰만 이용한다.

그렇게 하면 나만의 편안한 장소가 만들어진다.

먹는 맛이 같고 비슷한 옷들이 많으면
내 생활이 평온해지는 느낌이 든다.

그 단골로 이용하는 공간처럼,
우리 마음에도 평온한 시간이 올 수 있는
사소하지만 강한 공간을 만들어보면 어떨까?

슬리퍼를 신고 만나는 사이

슬리퍼를 질질 끌고
집 주변의 작은 술집으로 들어가
간단한 안주를 시키고
소주 한 병을 나누어 마시며 오순도순 이야기하는 일.

그러다 흥이 오르는 날엔,
맥주 한 잔 더 마시고
다시 슬리퍼를 끌며 집으로 돌아오는 길

날씨가 아무리 추워도
따스함과 약간의 취기가 더해져 더욱 따스한 일

그 속에서 우리만의 낭만을 느끼는 것.
장황한 말이 아니어도 함께 만으로 마음을 울리는 것

어쩌면 이런 것들이 마음을 치유해 주고
사람들이 원하는 사랑과 삶이 아닌가 싶다.

한순간에 전부가 되어버릴 수도 있는 그런

무의식적으로

맛있는 것을 먹거나
예쁜 것을 볼 때
제일 먼저 생각나는 사람이 있나요?
슬플 때보다 기쁠 때
진심으로 보듬어 줄 사람이 있나요?

거짓 모습을 보이지 않고
민낯으로 대할 수 있는 그런 사람

그런 사람이 있다면
당신은 참 행복한 사람이다.

의식적인 것보다,
무의식적으로 생각나는 사람이 있다는 건
필시 사랑이니.

어항 속 물고기

누가 그래요
안 떠난다고

처음 만날 땐,
간이며 쓸개며 다 빼줄 것처럼 굴더니
이젠 어항 안의 물고기라 이건가

사랑은 가끔 밥이나 주면 알아서 크고
화나도 잠시 뒤면 까먹어버리는 금붕어가 아니다.

물건은 시간이 지날수록 관심이 떨어질 수 있지만

사랑은 물건보다 나무 같은
시간이 지날수록 더 아끼고 아껴줘야 하는 존재다.

'우리가 어떻게 헤어져'라는 말은
그저 드라마 속 말일뿐

우리는 노력이 없다면 쉽게 헤어질 수 있다.

명심하길,
사랑은 어항 안의 금붕어가 아니라는 걸.

그때 그 사과

어릴 땐 아오리사과를 참 좋아했다.
제철이 되면 어머니께서 항상 사다 주실 정도로

초록색의 그 사과가
다 익었다는 사실이 신기하기도 했고
맛이 약간 시면서 일반 사과와 맛이 다른 사과였었다.

십여 년이 지난 후,
갑자기 아오리사과가 먹고 싶어졌다
퇴근길에 과일 가게로 곧장 갔다.

초록색 사과를 사 와서 한 입 먹었는데
그 사과는 그냥 덜 익은 사과였다.
떫고 푸석거리고 맛이 없었다.

겉으로 보기에는 똑같았는데
품종이 다른 사과였던 거다.

우리는 속은 알지 못하면서
겉모습만 보고 사람을 판단하는 경우가 많다.
잘 살펴보면 다른 것들이 보일 건데 말이다.

마치 같은 초록이라는 점에서 사과를 고른 것처럼.

우리집

어릴 적,
동생과 의자와 이불을 쌓아
아지트를 만들며 놀았던 기억이 있다.

우린 그걸 우리 집이라 부르고
우리만의 세계인 양 누비고 다녔다.

그 좁은 곳에서 안락함이 느껴졌다.

우리는 인형도 가져오고
엄마 몰래 과자 파티도 하고 밤새워 놀았다.

그렇게 작은 공간에서도 안락함을 느꼈었는데
왜 지금은 더 큰 공간과 나만의 공간이 있는데도
그 안락함과 편안함이 느껴지지 않을까.

이게 어른이 되었다는 증거일까
아직도 어른이 될 준비가 안 되었는데

오늘은 나만의 아지트를 만들어야겠다.
마음 편히 누울 수 있는 작지만 안락한 아지트로.

500원짜리 추억

학교 갔다 돌아오는 길에 트램펄린 천막이 있었다.
우리는 그걸 방방이라고 불렀었는데
영어도 모르고 아이들이 다 그렇게 불렀으니까
자연스레 통칭이 되었다.

그 트램펄린 천막에는 슬러시 기계가 있었고
나이가 지긋하신 아주머니 한 분이 계셨다.

백 원짜리 동전들을 꼭 쥐고 천막으로 찾아가서
아주머니께 드리면 꼬깃꼬깃한 종이에
이름과 타고 내리는 시간을 적어두시고 잠에 드셨다.

500원에 30분.

신나게 뛰어놀다가 내릴 때면
아주머니가 손에 쥐여주셨던
슬러시가 그렇게 맛있었다.

주무시느라 내리는 시간이 지나도
모르는 척도 해주시고
우리는 내리라고 부르는 이름을 듣고도
모른척한 적도 많았다.

지금 생각해 보면 언제 뛰었는지 기억이 안 난다.

심장 가득 터질 정도로 뛰어 본적이 언제인지
내게 가슴 벅찼던 일이 언제였던지

어릴 적 기억 속에서만 사는 500원짜리 벅참
그 벅참이 조금 그리워지는 하루다.

집 지어드릴게요

동생과 내가 고등학교 때였다.

뭣도 모르고 우리 집 작은 밭에
집을 지어드린다고 이야기하던 때가 있었다.

스무 살이 되면, 어른이 되면 다 이루어질 줄 알았다.

당연히 착각이었다.
우리는 집을 못 지어드렸다.

미성숙한 어른 흉내밖에 안 돼버렸지만
지금 와서 생각해 보면 그립다.

지금은 할 수 없는 생각들을 많이 했고
할 수 없을 것 같던 일을 거침없이 그냥 했으니까
재고 따지지 않고

그래서 시간이 거꾸로 흐른다고 하나 보다.

나이만 어른이지,
두려운 게 더 많아지고 아는 것이 더 많아지면서
할 수 없다고 생각하는 게 더 많아졌으니까

네 눈에 비치던

당신의 눈에 비치던 건 내가 아니었다.
과거의 그 사람이었다.

난 그저 그 사람의 대체품이었고
당신은 날 사랑한다며 마주 보고 있었다.

같은 곳을 봐야 사랑이라던데
당신은 날 사랑하지 않았다.

원래 바쁜 사람이라며
휴대폰은 거의 안 본다던 당신이
나랑 있을 때는 끝없이 붙잡고 있었다.

원래라는 건 없었다.
맞다. 다 핑계였다.

당신의 공백엔 내가 없었다.

빨간 동그라미

시험공부할 때나 중요한 일을 표시할 때는
꼭 빨간 펜으로 별표 다섯 개씩 그려 넣고는 했었다.
채점할 때도 밑줄을 그을 때도

파란색도 있고 검은색도 있었는데
빨간색으로 표시한 이유는 그저 눈에 잘 띄기 때문에.

채점하다 보면 동그라미와 엑스가 불규칙했는데
동그라미와 엑스 모두 빨강이었다.

빨간 동그라미,
틀린 것처럼 보여도 결국 맞는 것이었던 그런 것.

우리는 빨간 동그라미 위를 걷는 사람들일지 모른다.
정답이지만 틀린 것 같은 그런 기분으로

그저 쳇바퀴 돌 듯 비슷하고 연속적인 삶을
살아가는 하루를 매일 버티고 있을 것이다.

그 띠를 자르고 과감히 엑스를 쳐 버리자
차라리 이리 갔다 저리 갔다 하는 그런 인생을 살자.

처음부터 인생에 정답 따위 존재하지 않으니까

사랑 테스트

사귀고 있는 연인들에게
상대의 믿음을 증명받고 싶어서
다른 여자나 남자에게
넘어가나 안 넘어가나 테스트하는
방송프로그램이 있었다.

남자가 몇 년간 사귄 연인 몰래
다른 상대와 바람을 피우나
몰래카메라를 했던 그런 프로그램.

시청률이 높았지만, 나는 그 프로가 참 싫었다.

사랑을 테스트하다니,
내가 가장 믿어야 할 사람을 믿지 못하고
테스트해서 믿어야 하는 꼴이라니

몰래카메라란 걸 밝히고 나서,
오히려 날 시험했다며 화내는 연인의 모습도
체념해 울고 있는 연인의 모습도 모두 싫었다.

사랑은 믿어 주는 거다.
증명하는 것이 아니라.

사랑을 시작할 때,
조건과 이유 없이 무조건 첫 번째가 되어 사랑했듯이
외적인 모습도 내적인 모습도 사랑했듯이

사랑을 하는 중이라면
마음으로 믿어 주고 아껴주어야 한다.

그게 진짜 모습이든 아니든
사랑하는 마음으로 안아줘야 한다.

그럴 자신이 없다면 그냥 놓아주는 편이 났다.
차라리 그편이 덜 아프고 덜 힘들 테니

놀이터 친구

참 신기한 일이었다.

약속하지 않아도 제 시간만 되면
운동장으로 아이들이 모여 오순도순 놀았다는 게

운동장 작은 가로등이 켜지기 전
모두 흩어져 집으로 갔었던 게

해가 뉘엿뉘엿 넘어가는 시간에도,
남녀불문 이것저것 놀이를 하면서 노는 게
정말 재밌었는데

집이 가까운 친구들은,
엄마들이 밥 먹으라며 데리러 오기도 하고
담 넘어 부르는 엄마들 목소리도 있었다.

지금은 놀이터도 많이 사라지고
안전을 위해 놀이터에 갈 땐
대부분 부모님과 함께 온다.

그때를 생각하니,
미세먼지가 많아진 세상보다
마음이 더 뿌옇게 변한 것 같아
괜히 마음이 뿌옇게 흐린 날이다.

멀어질수록 짙은 그림자

우리의 사이가 멀어질수록 그림자는 짙어졌다.
딱 우리 마음처럼 말이다.

넌 나의 세상이었고 삶이었고 전부였다.

멀어진 그림자로,
그리움에 절여져 길어진 그림자로
널 잡으려고 해보아도

넌 어둠 속으로 사라져 버렸는지 보이지 않는다.

내가 어둠 속에 있는 걸까
그래서 내 멋대로 희미해진 그림자로 널 잡으려는 걸까.

어떤 모양이든 좋다.
당신이 내 옆에 있어 주기만 한다면.

무지개가 뜨면

내 행복은 이상했다.

불행이 가득 차 있는 삶에서
뒷걸음질 칠 때면 찾아왔다.
왜 그랬는지는 모르겠다.

그땐 불행이 한참 동안 머물다 간 뒤에야
왜 그때 행복이 찾아오는지 알지 못했다.

찾을 때 없던 행복들이, 그 빛나는 조각들이
꼭 나를 놀리는 것 마냥 빗나가고 흩어졌던 조각들이.

불행을 어쩔 수 없이 인정해야만 할 때만 찾아왔다.
텅 비어버린 마음에 아무것도 채우고 싶지 않을 때만.

꼭, 그럴 때만 얄궂은 장난을 치듯 다가왔다.

밀어내도 밀어내도 자꾸만 들어오는
행복이 미워서 매번 절망했다.
소용없는 짓인 걸 알지만 그랬다.

당신의 행복도 불행 속에 있을 수 있다.

수취인 불명

안녕하세요. 편지로 뵙는 건 처음인 듯합니다.

요즘 날씨가 무척 따뜻해졌네요.
꽃도 피고 바람도 살랑살랑 부는 계절이 왔어요.

느끼는 것이 참 많은 요즘이에요.

저는 과거 속에 살아왔어요.
미래는 언제 어디서 끝날지 모르니까요.

그렇지만 꿈이 생기고 나서 하루하루 기대가 됩니다.
여전히 잠도 잘 못 자고 걱정은 산더미이지만요.

당신은 무얼 하며 지내시는지요.
어디 아픈 곳은 없는지
식사는 잘 챙겨 드시는지
궁금해지는 밤입니다.

아픈 마음만 아니면 좋겠습니다.

우리가 만날 일이 없을 수도 있지만
부디 잘 지냈으면 하는 작은 바람입니다.

평안한 밤 되시길 바라며.

2장

뒷걸음질 치다 만난 행복

스밀 수밖에 없는

우산을 쓴다고 모든 비를 막을 수 없듯이,
행복하다고 하여 모든 불행을 막을 수 없다.

생각지 않았던 일들을 마주했을 때,
나는 다시 늪으로 빠져간다.

검고 숨 막히는 그곳으로,
다시 또, 다시 왔다.
마치 이곳이 내가 있을 곳이라는 걸 알려주듯이.

그럼에 불구하고,
다시 일어서야 한다.

마음이 견딜 만큼이면 된다.

같은 방향의 거울

거울이 반대로 비추는 건
가끔은 반대여서 불편하기는 하지만
반대인 내 모습도 보라고
일부러 그렇게 만든 것 같다.
내면의 다른 나를 보라고 그런 것 같기도 하다.

눈을 뜨면 내 표정은 보이지 않는다.

거울을 보며 내 모습을
냉정하게 바라보는 일도 필요하다.

되찾을 것

지나가다 문득 보인 버스 창의 작은 낙서 같은 것,
작은 손으로 만든 눈사람 같은 것,

소나기가 두렵지 않았을 때의 감정 같은 것.
가장하지 않았던 나의 모습 같은 것,

힘들었냐고 물으면 쏟아질 것 같은 감정 말고,
되찾아야 할 것들.

흰 이불이 덮인 겨울이 와도 부분 부분 녹으며
봄이 왔다가 겨울이 왔다가 하는 곳도 있다.

내 마음이 겨울이라 하여,
봄이 오지 않는 것은 아니다.

작은 그릇을 품은 사람

우리는 보통 작은 그릇을 가진 사람은
마음도 작을 것 같다고 한다.

왜 그들이 이런 오해를 받아야 하는 것일까.

작은 그릇을 가진 사람은,
자신이 가진 것을 더 잘 골라 담을 수 있고
옳고 그름을 더 잘 걸러내며
자신의 그릇에 담을 수 있는 사람이다.

작은 그릇을 품은 사람이 나쁜 것만은 아니다.

수용하는 범위가 더 깊고 세심한 사람이라고
판단력이 더 좋은 사람이라고 생각한다.

큰 그릇을 가진 사람 보다,
작은 그릇을 품어도

작고 소중한 것을 어여삐 여길 수 있는
사람이 되고 싶다.

그러니, 자신이 작은 그릇을 품었다고 해서
기죽는 일은 없었으면 한다.

우린 모두 같은 사람일 뿐,
남에게 평가당할 존재가 아니니까.

과거와 현실 사이

매미는 성충이 되어 아주 짧게 살다가 죽는다.

안타까워 보일 수 있지만,
성충이 되기 전이 더 좋았을지도 모른다.

우리의 삶도 그렇다.

누군가가 나의 삶을 바라봤을 때
예전 모습의 내가 좋아 보일 수 있겠지만
나는 내 지금이 더 좋은 것처럼.

이기적인 나

살다가 보면 남을 더 위해주고
자신을 생각하지 못하는 사람들을 많이 보게 된다.

그게 나쁘다는 것이 아니다.
하지만 우리 인생이 최우선이 아닐까?

좋은 일을 하더라도 적당한 선 안에서 해야 하고
도와주더라도 나의 여유는 남겨두고 도와줘야 한다.

그것이 돈이든 마음이든 사랑이든,
그렇지 않으면 마음이 소진되어 나를 돌보지 못한다.

그래도 마음이 편하지 않다면,
작은 실천을 하나 해 보는 건 어떨까.

오래 걸리거나 어렵지도 않다.

거울을 보며 사랑한다며 안아줘 보자.

메모지에 내가 듣고 싶은 말들을 적어서
하루 끝에 꺼내어 읽어보자.

잘 보이는 곳에 두고 하루하루 꺼내어 읽으면 더 좋다.

내 마음에도 위로를 주도록 하자.

누구의 위로보다,
나를 가장 잘 아는 내가 주는 위로이니
분명 최고의 위로이자 사랑하는 법일 거다.

상대방 마음만 헤아리고
상대방 시선에 의식하는 내가 아니라

내 마음은 모르는 척하는
이기적인 사람이 아니길.

자신을 사랑할 줄 아는 사람이 되어야
남도 더 잘 도울 수 있다.

다정한 마음은 유통기한이 기니까.

갓 지은 방

내 방은 마치 갓 지어나온 빵 같은 공간이다.
빵으로 따지자면 밤도
건포도도 들어있지 않은 식빵 같은.

따스함을 주는 곳이기도 하지만
공간이 비어 있는 걸 좋아하는 편이라 좀 휑하다.

난 이런 내 방이 좋다,
갓 지은 빵 같은 매력이 있는 나의 방.

무엇이 들어와도 넓은 마음으로
받아들일 수 있을 것 같은
마음을 만들어 주는 공간.

가끔 마음껏 비워보자,
지금 보다 더 원하는 것으로 가득히 채울 수 있을 테니.

일기

꾸준히 쭉 해오던 일은 일기를 쓰는 일이다.
일기장은 그저 그런 하루의 일상을
기록하는 것이 아니라
마치 추억을 저장해 두는 것 같다.

잘못을 한 날에는 반성문이 되고
기쁜 날에는 축하 편지가 되기도 한다.
여행을 다녀오고 나서는 여행기가 될 수도 있고

미처 하지 못한 말들을 쏟아내는,
나만의 대나무 숲이 될 수도 있다.

한 줄이라도 좋으니,
지나가는 과거를 붙들어 매어 기록해 보는 건 어떨까.

훗날, 꺼내어 보면 그것도 다 추억이니.

같은 날, 같은 장소, 같은 온도여도
감정은 다른 것처럼 말이다.

깨진 마음

일단 가루부터 털어낸다.
그리고 큰 조각들을 모아 녹여 다시 이어 붙인다.
같은 모양이든 다른 모양이든 상관없다.

그렇게 고치면 된다.

그리고 유리 같은 마음도 깨져있다면
뜨겁게 녹이고 붙여서 더 마음에 들도록 바꿔 보자.

이제 사람에, 사랑에
다른 어떤 것에 데여도
훨씬 괜찮을 거다.

유리나 도자기는 높은 온도에서 다른 물질을 섞으면
더욱 단단해진다고 한다.

우리 마음을 고칠 때도 용기 한 주먹 정도 넣고 고치면
지나간 일쯤은 아무렇지 않게 견딜 수 있다.

지금,
찌르고 있는 마음의 가루들을 털어내고
그리고 뜨겁게 무언가를 하자.

시간이 지나면 저절로 나아질 거다.

지금 당장 괜찮아지면 좋겠지만
뜨거운 것도 식히는 시간이 필요한 것처럼
잠시 겨울이라 생각하고 식히고 있으면 금방 지나간다.

깨졌다고 다쳤다고 주저앉아 무너지지만 말자.
나를 버리지만 말자.

가사들이 내 이야기 같을 때

아무 생각 없이 노래를 듣다가 눈물이 나본 적 있다.

노래 속 가사들이,
마치 내 이야기 같아 가슴에 비수처럼 콕콕 박혔을 때.

지나간 사랑을 잊을 수 없어 아파하는데
듣고 있는 노래의 가사가 내 이야기와 꼭 맞을 때.

내 마음을 후벼파는 것 같은 기분이 들 때가 있다.

노래 속 감정이 내 감정에 닿았을 때 드는 생각들은
보통 일시적이라 하루가 지나면 잊힐 때가 많다.

감정이 닿은 날은 그냥 그렇게 느끼자.
눈물이 나면 좀 울고.

누가 보면 창피하단 생각도 하지 말자.
다 괜찮다.

그러니, 참지 말자
다 쏟아버리자, 속 시원하게

시선을 느끼며 살자

살아가며 시선을 의식하며 살아가는
사람들이 적지 않다.

일상에서 어쩔 수 없이 느껴야 하는 시선들,
비교하는 시간 속에서 위축되고 아파하며 지내고 있다.

그럴 땐 여행을 떠나보는 게 어떨까 생각한다.
연고지가 전혀 없는 그런 여행지로

여행지가 아니어도 좋다.

사람들이 많이 살지 않는 조용한 마을이나
내가 모르는 사람들로 가득한 곳
그냥 아무 곳이나.

그곳에서 평소에 못 해봤던 행동들 원 없이 해 보자,

한번 보고 말 사이이고
다시 오지 않을 동네니까 마음 놓고

일상에서 시선을 의식하는 건 피곤한 일이지만
여행에서는 즐길 수 있다.

버리는 법

요즘은 미니멀리즘이 대세다.

미니멀리즘이라면 그런 쪽에 속하지만,
비우는 행위 자체를 좋아해서 잘 버리는 편이다.

하지만 꼭 필요한 것들은 있다.

볼펜만 봐도 그렇지 않은가,
스프링 하나만 없어져도 못쓰게 되고

핸드폰도 충전기가 없으면 돌과 다를 것이 없지 않은가,
작은 부품 또는 작은 물건 하나가 없으면
매우 불편하다.
그래서 사재기를 해두는 사람들이 많다.

미니멀리즘하게 살고 싶다고 하면서
물건을 사재기하는 이유가 뭘까?

바로 '불안함'이다.

전에 쓰던 제품이 유통되지 않는다든가
이제 단종 될 제품이라, 많은 이유가 있겠지만

만약 그런 상황이 일어났다고 치면
비슷한 제품이나 다른 제품을 쓰면 된다.

우린 모두 인생에 들어왔을 때
맨몸으로 아무것도 없이 몸만 가진 채 태어났다.
그래서 소유욕이라는 감정이 있는 거고,
하지만 소유욕이 나쁘다는 것은 아니다.

그렇지만 소유욕이
자신을 지배하면 안 된다고 생각한다.
조금만 더 참고 생각해 보고
결정해도 늦지 않는 물건이라면 한번 해 보자.

한 달만 그 물건 없이 버텨 보는 거다,
버틸 수 있다면 필요 없는 물건일 가능성이 크다.

우리는 불안함을 떨쳐내고
새로움을 느낄 권리가 있다.

기대의 부피

가까운 사람일수록 큰 기대감을,
먼 사람일수록 적은 기대감을 느낀다.

기대가 크면 실망과 서운함의 감정도 크다.
기대가 산산이 부서지면 크고 많은 조각으로 변한다.

반면, 기대가 적거나 없다면
크게 와닿는 파편이 적고 회복도 빠르다.

그래서 우리는 가까울수록
기대하려 하지 않고 주는 법도 배워야 한다.

꾸준히 연습하면,
서로에 대한 마음의 부피는 커지고
기대는 줄일 수 있다.

정말 소중한 사람이라면,
욕심을 버리고, 기대를 천천히 조금씩 내려놔 보자.

미아

이게 맞는 건지 잘 모르겠을 때

이 방향이 아닌 것 같고
맞춰지지 않는 것을
억지로 맞추고 있었다는 생각이 든다면

각이 많은 도형에 커다란 동그라미를 맞추는 것 같고
되지 않을 일을 붙잡고 있는 것 같다면

아프게 잘라내고 다듬을 필요 없다.

당신은 있는 그대로 이미 완성되어 있다.
잘하고 있다.

헌 옷

유난히 옷을 못 버리는 사람들이 있다.

옷을 못 버린다기보다는
추억을 쌓아두는 것이라고 할까

옷에 대한 추억도 오래되면,
그저 물 빠진 천 조각일 뿐이다.

의미를 부여하면 버릴 것이 하나 없다.

추억을 버리라는 것이 아니라
낡은 과거를 새로운 추억으로 채우라는 것이다.

우린 꼭 필요한 짐을 챙기라고 하면
정말 최소한의 짐만 챙기기 마련이다.
얼마 되지 않는다.

괜찮다.
최소한의 짐으로 살아가는 것도
최소한의 과거로 살아가는 것도

미래로 채워질 공간을 만들어 놓는 방법의 하나니까.

희석

대학 시절,

화장실 청소를 하겠다고 락스로 청소한 적이 있다.
좁은 원룸의 화장실에 뿌려가며 청소했다.

그리고 쓰러졌다.

그때 그 작은 원룸의 화장실에는 창이 없었고
락스를 희석해서 사용해야 하는지 몰랐었다.

한참을 기절했다가 깨어나 보니
화장실은 청소는 깨끗하게 되었지만
몇 시간 동안 몸이 고생했다.

마음의 상처도 그렇게 지워내야 했나 보다.
조금씩 희석해 가며

한 번에 지우려니 머릿속이 터질 것 같고
마음이 남아나질 않았던 건
어쩌면 당연한 일이었다.

아픔은 겪어도 겪어도 희석되지 않는데,

지울 때는,
왜 오래된 곰팡이처럼 희미하게 지워지는지
왜 깔끔하게 지워지지 않는지
마음은 어쩜 매번 이렇게 똑같이 아픈지

차라리 독감처럼 며칠 앓고
감쪽같이 낫는다면 좋을 텐데.

유서를 쓰세요

미래지향적인 사람이어도 좋다.
현실주의자라면 더 좋다.

냉정하게 말하면,
우린 언제 어디서 갑자기 죽을지 모른다.

내가 현재를 가장 소중하게 생각하는
이유 중 하나다.

지금부터 쓸 유서는 돈과 권력과는 관계가 없어야 한다.

나의 삶을 되돌아보고
내 삶을 정리하는 것이기 때문에.

죽기 전 마지막 마음으로 써도 좋다.

기쁜 마음으로만 쓰지 않으면 된다.
기쁘면 판단력이 흐려지니까.

그동안 내 삶에 대해 되돌아보고
잘 생각하지 않았던 내 마지막에 대하여.

조난

눈 덮인 산을 오르는 사람들은 길을 잘 잃는다고 한다.
아마 발자국이 금방 사라지기 때문이겠다.

그럴 땐,
완만한 절벽 쪽으로 가서 썰매 타듯 내려온다고 한다.

길이 아닌 것을 인지하고 빠르게 내려올 수 있는
가장 효율적인 방법이기 때문이다.

더 높은 곳을 향하기 위한 하강이기도 하다.

힘들게 올라갔는데 내려오는 게
아깝고 기운이 빠지겠지만
어쩌겠나, 그곳은 길이 아닌걸.

대신 빠르게 알아챘고 다른 길을 선택할 수 있는
새로운 기회가 생겼다는 것이 중요한 요점이다.

더 늦게 알아차렸다고 해서 나쁠 건 없다.
좋은 풍경과 남들은 볼 수 없는 일을 겪은 셈이니까.

겁먹지 말고 과감해져 보자.

새로운 길을 떠나도 좋고
엄두 내지 못했던 일에 도전해도 좋다.
그렇다고 아주 큰 일은 일어나지 않으니

아니,
어쩌면 더 아름다운 풍경이 기다릴지도.

반만 나온 사진

그런 생각을 한다.

내 사진 중에 반만 나온 사진이나
뒷모습만 나온 사진이나
초점이 나가거나 완벽하지 않은 사진도
대부분 남이 찍어준 사진이다.

왜 그럴까 생각해 보니 그런 사진들이어도
나를 사랑하는 마음들을 놓치지 않기 위해
그 작은 셔터로 꾹꾹 눌러 담았을 게 분명하다.

요즘은 버튼 하나만 누르면
사진이 연달아 찍히기도 하고
자동으로 보정해서 내가 아니게 보일 만큼
잘 되어있지만

옛날 감성의 필름 카메라가 다시 유행하는 이유는
그 하나하나의 셔터가 소중하기 때문이 아닐까.

물론 예전과는 달라서 불편함도 느끼겠지만
그걸 감수해서라도 과거 추억 속으로
다시금 찾아가고 싶은 마음이 커져 그렇다.

세상이 얼마나 각박한가,
아침뉴스, SNS에 뜨는 알고리즘만 보아도 알 거다.

가끔은 현대 기기들과 멀어져서
아날로그적 삶을 체험하는 것도
좋은 방법이라 생각한다.

어렵겠지만 핸드폰을 내려두고 산책이라도 나가보자.
하늘이 참 맑다.

종량제 봉투

큰 종량제 봉투가 있으면 좋겠다.

내 마음 다치게 한 그 사람들 하나하나 넣어서
마음 밖으로 던져버리게.

분리수거도 안 될 거 아닌가,
플라스틱도 아니고 종이도 아니니까.

어질어진 내 마음 대청소하고
새 사람들일 공간이 필요하다.

마음 아픈 그런 일 덜 만들고
상처받은 마음같이 잘라 넣어야겠다.

그리고, 다시 들고 오지 않기로 해야겠다.

운수 좋은 날

계획이 뒤틀리기만 하는 날,
아무것도 되지 않는 날

그런 날에는 오히려 계획대로 되고 있다고 생각한다.

비틀어진 계획과 일은
이미 일어난 일은 되돌릴 수 없으니
원래 그렇게 될 일이었고
그럴 수밖에 없는 일이었다고.

마음을 비우고 가끔은 단순하게 사는 게
가장 현명하고 좋은 방법이 아닐까 싶다.

기대는 연습

홀로 여행을 떠났다고 가정해 보자.

길을 잃었는데,
핸드폰도 꺼지고 지도도 없고
어느 길로 가야 하는지
여긴 어디인지 혼란한 상태.

그럴 땐 지나가는 사람이라도 붙잡고 물어봐야 한다.

모르는 건 부끄러운 것이 아니다.
아는 척하다가 더 깊은 골로 빠지는 것보다 낫다.

우리는 세상에서 기대는 방법도 배워야 한다.

홀로 짐을 모두 짊어지고 가다가는
금방 무너지는 게 사람이니까.

더 높은 곳이 있더라

꿈을 향해 행복을 향해
목표를 잡아 본 적이 있을 것이다.

그 목표를 위해 열심히 노력해서 달성했는데
또 다른 목표가 앞에 놓이고 또 놓이고

실패하지 않아도 중간에 쉬지 않아도
목표는 또 생겨나고 생겨난다.

그러니 가방을 가볍게 메고
필요한 것보다 적게 챙겨서 가볍게 오르자.

생겨날 미래와 현재를 위해
그다음 높은 곳을 위해.

걱정을 버리는 법

우리는 수많은 걱정을 안고 살아간다,
걱정이 걱정을 낳고 걱정이 걱정을 만든다.

'걱정해서 걱정이 없으면 걱정이 없겠네' 라는
말이 있을 만큼.

준비물은 종이와 펜 두 가지면 된다.
걱정을 줄이는 방법은 의외로 간단하다.

종이에 걱정되는 일을 적어보자
대부분 걱정되는 일이 많을 것이다.

다 썼으면 그 안에서 해결할 수 있는 일
없는 일을 나누어
할 수 없는 일들은 쓰레기통에 찢어 버리자.

이제 해결할 수 있는 일을 해결하자.

걱정도 정리를 해주자.
생각도 쉬어갈 틈이 있어야 더 잘 들어오는 법이니

행동하지 않는 마음은
항해하지 않는 배와 같다.

추억의 틈

수명이 다했지만 버리지 못하고 있는 물건이 있나요?
추억이라며 서랍 안에 굴러다니는 물건이 있나요?

정말 소중한 것이라면,
바닥에 굴리지 말고 수명이 다했다면 놓아줍시다.

그래야 새로운 추억이 들어올 틈이 생깁니다.

오늘, 아니 지금 당장
책을 덮어두고 청소해 보세요.

쓸데없는 걱정과 기억들이 생각보다 많아요.

그렇게 마음 쓸 필요도
그렇게 걱정할 필요도
없는 것들이 대부분입니다.

비울 수 있는 용기

자신의 물건과 마음을 비울 수 있는
용기가 대단하다고 생각한다.

물건을 비운다는 건,
내 추억과 기억을 분류하고
아픈 기억은 버릴 용기가 생겼다는 것이고

마음을 비운다는 건,
기대하는 마음, 실패할까 두려운 마음, 망설이는 마음을
버릴 수 있는 용기가 많이 필요한 일이다.

그러니 당신은 잘하고 있다.
선물 같은 그 용기가 부러울 정도로.

잃어버린 낭만

여행이 사치라고 생각하는 순간,
낭만을 잃는다고 생각한다.

낯설지만 정겨운 사람들
익숙하지 않은 동네의 새로움
자연의 조화로움까지 등지는 일이니까.

여행을 사치라고 생각하지 말자.
돈이 문제라면 이렇게 생각해 보자.

동네를 한 바퀴 도는 것도 여행이 될 수 있고
안 가본 길을 걸으며 사소한 것을 보는 것도
여행이 될 수 있다.

꽃을 사는 게 사치라고 느껴지면 낭만을 잃는 것처럼
여행이 사치라고 느끼면 또 하나의 낭만을 잃는 거다.

우린 여유도 필요하다.
일단 나가 보자
여행자의 마음으로

항상 새로운 세상은 펼쳐져 있으니.

폭우

여행을 갔는데 갑자기 폭우가 내려요.
소나기일까, 하고 나무 밑에 숨어봐요.

하지만 그칠 기미가 보이지 않네요.

우산을 살까? 고민했지만,
그냥 맞기로 했어요.

그동안의 고단함이 씻겨 내려가는 것 같아요.

우산을 샀으면 못 만났을 이 감촉과 온도
사소한 한 겹 차이로 맞닿을 수 없었을 그런.

과거로

과거로 돌아갈 수 있다면
언제로 돌아가고 싶냐고 물었다.

친구는 어릴 때,
아무 걱정이 없을 때라고 했다.

친구가 되물었다.
너는 언제로 가고 싶냐고.

나는 안 가고 싶다고 했다.

같은 선택을 할 거고
다시 같은 아픔으로 힘들 거고
같은 이유로 후회할 거라고
그냥 지금처럼 살고 싶다고 했다.

내 인생에서 그 수 없는 선택들은 최선이었고
후회도 할 만큼 했고 아파할 만큼 아파봤으니

대신 현재에 충실한 편이 더 낫다고 생각한다.

내가 좋아하는 것

누군가 뭘 싫어하냐고 묻는다면,
금방 여러 대답을 쏟아낸다.

하지만 뭘 좋아하냐고 묻는다면,
고민하거나 망설이게 된다.

왜 그럴까,
우리는 싫어하는 것에 많이 둘러싸여 있어
좋아하는 것을 파헤치기가 힘든 것이다.

꼭 좋아하는 게 없더라도 괜찮다.
싫어하는 것만 가득 쏟아내어도 괜찮다.

싫어하는 것만 아는 것도
이 바쁜 세상에서 찾아낸 기특한 일이니.

나그네와 여행자

나그네는 정처 없이 떠돌지만
여행자는 정답지를 정해두고 떠난다.

둘의 다른 점은 그것뿐.

여행자는 어느 순간 나그네가 될 수 있고,
나그네는 어느 순간 여행자가 될 수 있다.

여행자가 될 것인가, 나그네가 될 것인가.

이 문제는 당신,
자신만이 정해야 한다.

우리는 살면서 하기 싫은 일을 할 때가 자주 생긴다.
일을 즐기며 할지 미워하며 할지는 내 선택에 달려있다.

하물며 도망을 치는 것에도 용기가 필요하고
도망을 친 곳에서 기억을 만들면 여행이 되는 것처럼.

정답은 없습니다

정답이 있는 것보다 없는 일이 훨씬 많다.

정답이 있는 것은
시험 답안 같은 것

정답이 없는 것은
그 외, 모든 일들

생각해 보면 정답이 없는 것이 천지인데
굳이 정답을 찾으며 살아가는 삶이 의미가 있을까 싶다.

정답을 찾을 시간에
서로 다름을 인정하고 이해해 주고 배려해 주는 게
훨씬 더 유동적인 삶이 아닐까?

존재 자체로

힘내라는 말만 하는 것보단,

곁에 있어 주는 것
손잡아 주는 것
안아주는 것
들어주는 것
휴지를 건네어 주는 것
온기를 나누어 주는 것

이런 사소한 행동이 더 위로 될 때가 있다.
사소함이 마음을 채워 줄 때가 있다.

당신은 존재 자체만으로 위로이기 때문에.

화려한 조명은 금방 꺼지기 마련이고
우린 깜깜해진 무대를 벗어나기 위해 준비해야 하지만

꺼져버린 조명 아래
여명으로도 먹고살 수 있으니 괜찮다.

있잖아, 만약에

어릴 적 많은 짐을 가지고 다녔었다.
'만약에'을 대비해서 갖은 물건들을 가지고 다녔다.

하지만 '만약에'라는 건
생각보다 잘 일어나지 않았다.
그리고 그다지 큰일도 아니었다.

누군가 '있잖아, 만약에 말이야
내가 ~한다면 어떨 것 같아?'
라고 한다면

'만약은 없어, 지금만 있어' 라고 대답한다.

어차피 만약은 잘 일어나지 않고
그 '만약에' 로 인해 짊어진 무게에
무거워진 내 어깨만 남아있을 뿐이었다.

그래서 '만약에' 들을 버렸다.

짐을 내려놓으니까 보이는 것이
갈 수 있는 곳이 더 많았다.

기울어진 시소

시소는 한쪽이 무거우면 그쪽으로만 기울게 되어있다.

주는 사람의 마음으로 채워진 한쪽의 의자는
항상 무겁게 짓눌러 앉아 있고
받는 사람의 쪽은 항상 떠 있다.

우리는 시소의 평행을 맞추기 위해서 노력한다.
내가 더 주고 떠 있는 쪽을 무겁게 만들려고 한다.

사실 그 시소는 고정되어 있다.
받는 것에만 익숙해져 마음이 고정된 것처럼

괜히 나만 힘이 빠지고 서운해진다.

그런데 상대가 받은 것을 과연 버린 걸까?

아니다.
상대는 고마움을 잘 표현하지 못하는 것뿐이고
자신의 기준에서는 최선을 다하고 있을 거다.

내 기대치는 맨 끝자리인데
상대방 기대치는 맨 앞자리라서
균형이 안 맞는 것일지도 모른다.

그럴 땐 상대방의 자리 앉아보자.
상대방의 입장은 어쩔 수 없는 일이었을지 모르니

받은 만큼 주지 못함에 미안함이 가득 묻은
맞은편 시소 앞자리는 따스함으로 덮여있을 거다.

작은 것들은 빠르다

세상의 모든 작은 것들은 참 빠르다.
빠르기 위해 부지런하고 바쁘다.

작은 것이라는 건,
개미 같은 것을 말하는 게 아니다.

가까이서 본 우리의 삶을 말하는 것이다.

우리의 인생은 조금만 멀리서 보면
참 작은 것들이 된다.
퇴근길 자동차 불빛
야근하는 사람들의 창밖 불빛처럼.

가까이서 보면 빠르고 바쁘게 움직이고 있다.
하지만 멀리서 내다보면 느리고 예쁘게만 보인다.

들여다보면 저마다 각자의 사연과
각자의 일들로 북적거리는데.

사람들은 마치 개미의 줄지음 같은
그 모습을 볼 수 없다.

멀리 내다보는 사람만 오롯이 느낄 수 있다.

가끔은 우리 높은 곳에 올라서서 멀리 내다보자.
마음에도 환기가 필요하다.

질주하는 마음

나를 주체하지 못할 정도로 힘이 들 때가 있다.

의지와는 상관없이 해야 할 일들이 넘쳐날 때
빠르게 달려야만 다 해결할 수 있을 것 같을 때

지나고 보면 그렇게 애쓰지 않아도 다 해결된다.
천천히 숨을 내뱉고 들이쉬며
그렇게 산책하듯 해내도 된다.

자신만 모르는 능력이 분명 존재한다.

못 하면 또 어떤가,
다시 도전하면 되는걸

쉬엄쉬엄 큰 숨도 쉬어가며 앞으로 나아가자.

한쪽만 썩은 양파

냉장고가 비실비실할 때다 싶으면 요릴 했었다.
냉장고 파먹기 수준으로 만들어 먹었지만
맛은 꽤 좋았다.

자취할 때는 집에서 재료들을 가지고 왔었는데
양파 같은 재료들은 모두 손질해서
냉장고에 넣어 두었었다.

양파를 쓸 일이 있어 꺼내 들었는데
멀쩡해 보이기만 했던 양파 한쪽이
양파끼리 맞닿은 부분만 썩어있었다.

사과도 마찬가지였다.
맞닿은 부분만 썩어서 멀쩡한 부분만 잘라 먹었었다.

양파나 사과도 너무 가깝게 두면 썩어버리는데
사람과 사람 사이의 관계도
너무 가까우면 썩을 수 있다.

적당한 거리를 찾아 떨어져 있어야
좋은 관계가 유지되는 것이다.

너무 깊게 알려고 하면 관계는 썩기 쉬우니까.

배려라는 마음으로 사람 간의 사이를 채우면
누구도 다치지 않는 관계가 될 수 있다.

중간 저장

중요한 서류를 만들거나
작업을 할 때 중간 저장을 한다.
파일이 날아가면 안 되니까, 중요하니까.

삶도 마찬가지인 것 같다.
중간에 쉬기도 하고
관계를 끊어내는 시간도 가지고
잠시 주저앉아 울기도 하고

그런 것들이 다 중간 저장과
같은 존재들이라고 생각한다.

그래야 조금 숨통이 트이고
그래야 또 살아갈 힘을 얻는다.

쉬지도 않고 달리는 삶을 살면, 초기화될 수 있으니.
다시 빈 종이로 시작해야 할 수도 있으니.

세상은 냉정해서 결과만 기억하기 때문에
얼마나 열심히 달려왔는지는 나만 아는 사실이다.
오히려 그동안의 노력이 물거품이 될 수 있다.

쉬엄쉬엄하자.
우린 생각보다 세상의 틀 앞에선 나약한 존재들이니까.

그리고 잃어버린 것들은
다시 채우기 버거울 테니까.

엉망인 나날의 위로 한 줌

하루하루 버티느라 고생이 많죠?
진부한 말이지만 우린 지금이 가장 젊어요.

지금 누워 있다고 해서 세상이 무너지는 것도 아니고
핸드폰만 보는 하루라고 해서
무의미한 시간이 아니에요.

그렇지만 그러면 우울하다고요?

우울하면 어때요.
우울함도 그냥 내 감정 중 하나일 뿐인걸요.
인정하고 받아들이면 편할 거예요.

즐겁기만 한 시간만 있다면
즐거움이라는 감정을 느낄 수가 있을까요.

아니요. 그럴 수는 없을 거예요.
행복하지 않은 감정이 있어야만
즐거움도 느낄 수 있어요.

감정을 미루지 말고
온몸으로 느끼고 받아들이는 법도 알아야 해요.
그러니까 걱정말아요.

곰곰이

그때, 내 나이 두 살이었을 것이다.
진해 군항제에서 데려온 곰 인형 하나.

데리고 온 날,
그 인형을 꺼내어 주던 아저씨의 손까지 생생하다.

나의 애착 인형 아니 이젠, 애착 인형이었던
이름은 이곰곰.

30년이 넘는 시간 동안 어딜 가든 데리고 다니고
힘들거나 기쁠 땐 하소연도 하고 웃기도 했다.

2023년 11월, 마지막 사진을 찍고 놓아주었다.
마음속에 영원히 간직할 것을 약속하며 인사를 했다.

비어버린 침대 끝자락을 보며 허전함을 자꾸만 누른다.

인형과의 이별도 이렇게 힘이 드는데

하물며 사람과의 이별이 힘들지 않을 수가 없다.
마음껏 아파하고 마음껏 울고 마음껏 후회하자.

그래야 편해지고 슬픔은 덜어지고,
더 좋은 것을 마주칠 수 있을 것이니.

불멍

캠핑을 떠났다.

한참 웃고 떠들며 타오르고 있는 불꽃으로
일명, 불멍이라는 걸 처음으로 해 보았다.

멍하게 바라보던 불빛은 점점 희미해져 가고
눈꺼풀이 점점 무거워졌지만
소소하고 담담한 우리의 이야기를 쌓아 올리며 그렇게
우리의 밤을 지새웠다.

불씨를 다시 살리고 우리의 멍했던 기분도
다시 살려서 신나게 놀았다.

새벽이 밝아오자 그만 들어가자며 동시에 말을 뱉었다.

아직 밤하늘이 남아있는
새벽이었기에 아쉬운 마음으로

새벽공기를 마시기 위해 난 잠시 남았고,
꺼져버린 잿더미가 바람에 이리저리 흔들리고 있었다.

그렇게 흩어지는 잿가루들을 보는데
갑자기 눈물이 났다.
나무를 바람으로 날려 보낸 것 같아 미안했다.

별것이 다 미안하다 싶어서
가볍게 웃고 방으로 들어갔다.

왜 이리 오래 있다 오냐는 친구의 핀잔에도
그저 웃으며, 오늘 즐거운 시간이었다고 웃음을 지었다.

'우리, 다시 이 흩날리는 잿가루들을 보러 또 오자.'
속으로 중얼거렸다.

빨갛게 타오르다 가라앉는 재를 보며,

끝이라는 게 너무 허무한 것 같다가도
다른 의미로 다가올 수 있다는 사실을 오늘도 깨닫는다.

종착지가 없는 버스

아무 날도 아닌 날,
가까운 버스 정류장에서 아무 버스나 타는 거야

일부러 탄 적 없는 번호를 골라서
시간은 해지기 전이 좋겠다.

나오는 방송은 이어폰을 끼고 무시해
그래야 내가 원하는 곳에서 내릴 수 있거든.

이제 창밖을 보면서 천천히 풍경을 눈에 담다가
마음에 드는 곳에서 내려.

모르는 골목으로 무작정 걷는 거야.

이어폰도 빼고 하늘을 보며 걸어
노을이 지는 방향으로
지평선 끝으로 들어가는 거야.

거기서 다시 버스를 골라잡아 타고 집으로 와.
오늘 여행 재밌었다 그치?

3장

피기 전까지는 모르는 꽃처럼

셀 수 없는 감정

사람들은 무엇이든 수치화하는 것을 좋아하는 것 같다.
아픔의 정도, 느낌 그리고 감정까지도.

아프면 아픈 거고 감정은 그냥 감정인데
그걸 굳이 수치화하고 정의를 내린다.

어쩔 땐 필요하기도 하고
수치로 보면 편하기야 하겠지만
정확하지는 않은 결과인 셈이다.

예를 들자면,
'0에서 10까지 얼마나 아프세요?' 같은 말로
그건 어떤 느낌이고 무슨 감정인지 정의를 원한다.

마음은 셀 수도 없고 정의할 수도 없는데 말이다.

인간이라면 셀 수 없고
어느 정도 어두운지 밝은지
언제 어떤 감정이 들지 모르는 일.

우리는 모두 사람이기에 수치화할 수 없다.

명대사의 공허함

흔히 명대사라고 불리는 것들
영화나 드라마 속의 멋진 대화들과 언어들.

그것들은 듣고 나면 부질없는 것이 되는 것 같다.
물론 누군가는 자신의 신념으로 받아들일 수도 있다.

하지만,
그것이 내 것이 아니라는 걸 알았을 때 공허함은 뭘까?

그래서 우리는 스치듯 지나가는 위로나
지속되는 따스함, 지긋이 눈 맞추어 주는 것
말없이 안아줄 수 있는 것이
더 마음에 와닿을 때가 있다.

멋지지 않아도,
누구에게 존경의 대상이 되지 않아도 된다.
그냥 손 한번 잡아줄 수 있는 사람이면 된다.

당신 마음은 이미 멋진 명대사이니.

변하는 사람

드라마나 영화를 보면 변했다는 말을 자주 듣게 된다.
물론 우리의 일상에서도 연인 사이의 관계에서도

변하는 것이 나쁜 것이라는
고정관념이 박혀있었기 때문에 그런 줄만 알았다.

많은 사람이 그럴 거다,
보통 나쁘게 변하는 것이니 그렇겠지

그런데 정말 나쁘게 변한 걸까?
내 기준으로 그렇게 받아들이는 것이 아니고?

어느 날, '세상에 안 변하는 사람이 있을까?'
생각이 들었다.

우리 주변 건물들도 날씨도 시도 때도 없이 변하는데
사람의 마음이라고 변하지 않는 게 이상한 것 같았다.

대신 잘 변하면 된다.
어떻게 변하느냐가 중요하다.

변하는 것에 겁먹지 말고
내 기준에서 생각하지 말고
변해가고 있는 자신을 칭찬해 주자.

잘 변해주어서 고맙다고

나는 내 인생의 주연일까

내 인생에서 나는 조연일 뿐이라고 느껴질 때가 있다.
누구나 그런 시기가 있다고 생각한다.
나보다 더 중요한 것이 생겼을 때가
특히 그렇게 느껴진다.

그게 잘못된 것이 아니다.

살다 보면 누굴 위해 살아가는지 잘 모를 때가 많다.
어쩔 땐 타인을 위해 살아야 하고
어쩔 땐 일만을 위해 사는 것 같을 때도 오니까

그건 아무 상관 없다.
결국 내 인생은 내가 주연이고 주인공이다.

가끔 다른 역을 맡았다고 생각하고 살아보자.
한 가지 역할만 하면 재미없으니.

일에 미쳐있는 사람이었다가
사랑에 미쳐있는 사람이었다가
사람에 미쳐있는 사람이었다가 그래보자.

뭐든 미쳐있다면 괜찮다.
흐르는 대로도 살아보고 그래야 한다.

한번 사는 인생인데
하고 싶은 말, 해 보고 싶었던 일들 늦기 전에 해보자.

뭐가 됐든,
난 내 인생에 주인공이니까.

잃어버린 퍼즐 조각

퍼즐을 몇 번 맞추다 보면
대부분 몇 조각을 잃어버린다.
그러면 퍼즐로서의 명분을 다한 거다.

하지만 인생의 퍼즐은 다르다.

잃어버렸다고 생각하고 있는 조각들은
사실 맞춰지고 있다.
하나씩 하나씩 만들어져 맞춰지고 있다.

그 퍼즐 조각은,
어느 여행지에서 찾을 수도 있고
일상에서 찾을 수도 있고
길을 걷다 우연히 찾을 수도 있고
사람에게서 찾을 수도 있다.

그렇게 퍼즐은 죽을 때 완성된다.

지금은 허술하기 짝이 없어 보이지만
어디가 어디인지도 모르고 모으고만 있지만
작은 퍼즐 조각들이 모여
내 삶을 완성하고 있을 것이다.

조급해하지 말고 천천히 나의 조각들을 찾아보자.

나도 모르는 사이,
분명 멋진 퍼즐이 완성되어 있을 테니.

초록색 정지 표지판

초록색 정지 표지판이 있으면 어떨까요?
파란색 여자 화장실 안내판은요?
빨간 좌회전 신호등은요?

누가 정했는지는 모르지만,
보통 빨간색은 멈춤, 금지, 중요 같은 것을 의미합니다.
반대로 초록색은 안전, 평화로움을 의미합니다.

우리의 눈도 그렇게 변한 것 같아요.

색안경을 끼고 바라보는 세상은,
꼬질꼬질하면 볼품없다고 가난하다고 생각하고
멀끔하게 차려입으면 부유하다는 생각이 듭니다.
비슷한 경우도 무척 많을 것이고요.

하지만 꼬질꼬질한 모습의 사람은
방금 인생의 중요한 일을 해내고 온 사람일 수도 있고,

멀끔한 사람은 방금 면접에서 떨어진
취업 준비생일 수도 있지 않을까요?

색안경을 벗어 던지고
상대를 지긋이 지켜보는 능력을 더 길러봅시다.

세상이 달라 보일 겁니다.
반대로 돌아가고 있다는 생각도 들 거고요.

당신이 지금 색안경을 끼고
상대를 상처 주고 있진 않은지
생각해 볼 필요가 있습니다.

용기 내 봅시다.
남들과 다른 시선으로 바라보면 나만의 세상이 보이고
다른 삶을 꿈꿀 만한 시야가 생길지도 몰라요

벅찬 순간

"인생은 숨을 쉰 횟수가 아니라
숨 막힐 정도로 벅찬 순간을
얼마나 가졌는지로 평가된다."

미국 시인 마야 안젤루의 말이다.

문장을 처음 접했을 때 공감이 많이 갔던 말이다.
우리는 인생을 살면서 벅찬 순간을 얼마나 느끼며 살아갈까?

그 벅참이란 건,
웅장한 경치를 봤을 때 눈물이 날 것 같은 느낌일까
사랑하는 사람과의 마음이 서로 통했을 때의 벅참일까
그것도 아니라면 일상의 소중함이 모인 벅참일까

물음표가 가득한 인생에
또 다른 물음표를 건네는 말이다.

인생에 대해 다시 한번 생각해 보게 되기도 하고
벅찬 감정으로 살아가면 무슨 기분일까.

당신은 얼마나 벅찬 마음으로 살고 있나요?

어떤 청춘

사람들은 말한다.
100세 시대이니 70세 80세도 청춘이라고,
20대 30대까지는 아침에 불과하다고.
맞는 말이다.

그렇지만 누군가는
아침에도 별로 돌아갈 수 있는 게 인생.
또 누군가의 청춘은 새벽도 맞이하지 못하고 끝이 난다.

그러니,
오늘이 마지막인 것처럼 내일의 일을 미루지 않는 게
나는 청춘이라 생각한다.

우리의 매일매일은 찬란한 새벽이고, 아침이고,
노을이고, 밤하늘의 달일 수도 있으니

처음이자 마지막인 지금
이 순간은 매번 청춘이다.

실수

사람이라면 누구나 실수합니다.

반복되는 실수는 습관처럼 굳어지기도 하는데
그건 그 실수의 횟수만큼
내가 신경 쓰는 일이 많아졌다는 것을
의미하기도 합니다.

꼼꼼했던 사람이 덜렁대는 성격이 되기도 하고
매사에 집중하지 못했던 사람이
집중력이 높아지기도 한다.

그렇게 사람은 쉴 새 없이 변하고
누군가는 '나는 변하지 않는 사람이야'라고 말해도
자신도 모르는 사이 변할 수밖에 없다.

어쩌겠나,
매일 비슷하지만, 매일 다른 하루 안에 사는 우리인걸

그러니 너무 자책하지 말고
마음 편히 생각하자.

무너져 내릴 댐

금이 간 댐을 보고 있습니다.
마치 내 미래 같다고 생각했어요.

고칠 생각은 안 하고, 금이 가 있는 한 곳에서
쉴 새 없이 쏟아지는 물만 하염없이 보고 있었어요.
고칠 생각도 안 하고, 점점 거세지는 물줄기만요.

그렇게 점점 불안했어요.
그 댐이 금방이라도 무너질 것만 같았거든요,
금을 막아 보수를 하면 되는데.

그렇게 시간이 지나
간단하게 고칠 수 있는 선을 넘어섰어요.

결국 이 댐의 금처럼,
불안함을 만드는 건 나였어요.

지금이라도 늦지 않았어요.
쳐다만 보지 말고 생각만 하지 말고
실천으로 옮기면 이 불안감도 잠재울 수 있어요.
그러니 이제 일어나 실천합시다.

사랑하는 내 가시밭길

제 길은 가시밭길이에요.

자갈이 널려있고 죽은 국화들이 가득하고
가시나무가 잘게 잘려 바닥에 깔려있죠.

처음 갈림길을 만났을 땐 아주 많이 고민했어요.

한쪽은 알록달록하고
예쁜 꽃들이 피어있는 안정적인 길,
한쪽은 틈 없이 깔린
두려움과 불안정한 길이었으니까요.

저는 선택권이 없었어요.
그래서 가시밭길로 들어갔죠.

처음엔 너무너무 아팠고
눈물도 많이 나고 쓰러지기도 했죠.

그러다 어느 날이었는지는
기억은 잘 안 나지만 결심했어요.

난 어차피 이 가시밭길을 빠져나갈 수 없고,
견뎌야 하는 길이니, 인정하고 사랑하자.
내 길로 만들자.

아무리 어려운 길이라도 끝은 있더라고요.
그 과정이 고될 뿐.

그래도 이제 조금씩 무뎌진 나를 보면 뿌듯해요.

잘 닦인 길이든 가시밭길이든, 길마다 장단점이 있어요.
자신이 선택한 길이니까 후회하지 않았으면 좋겠어요.

다시 돌아가는 길로 돌아가던,
내가 택한 길을 가든 괜찮아요.
내가 선택한 거니까 다 맞는 길이에요.

그리고 꼭 잘될 거고요.

마음가짐

세상에서 가장 미워하는 사람이 있었다.
그는 가정환경이 아주 안 좋았었고

그에 반해 우리 집은 드물 정도로 화목한 집안이었다.
누구나 부럽다고 하는 그런 가정환경

그를 알고 있을 때,
이해할 수 없는 일이 셀 수 없이 일어났다.

어디를 가든 무얼 하든,
날 소유물로 만들려고 하는 게 미치도록 싫었다.

그는 사람은 사람으로 치료해야 한다며
나의 치료를 가로막았고
더 어두운 구렁텅이로 빠지게 하기도 했다.

그는 어릴 때, 스스로 환경을 이겨내려 노력했지만
사람에게 의지하면서도 폭력성을 잃지 않았었다.

모두가 그렇다는 것은 아니지만 가정환경 탓이 컸다.

나와는 너무나 달랐고,
그의 입장을 겪어 본 적이 없으니 이해할 수 없었다.

가정환경은 사실 중요하지만,
또 생각해 보면 중요하지 않다.

그 과정을 어떻게 지내왔느냐가 중요하다.

안 좋은 것을 닮아버린 안 좋은 경우와,
오히려 더 단단하고 반듯하게 자라는 사람이 있다.

우리는 내 주변 환경을 어떻게 사용하느냐가 중요하다.
그건 긍정적으로 생각하라는 말이다.

나는 우울을 주제로 한 글을 주로 쓰지만
생각만큼은 긍정적으로 하도록 노력 중이다.

그래야 내 감정인 걸 받아들이고
이해할 수 있을 테니까
그래야 당신의 마음을 이해하고
다독여 줄 수 있을 테니까

너의 아픔은 나의 즐거움

마음 둘 곳이 없어 너무너무 외롭고 힘들었던 날,
친구를 만났다.

어쩌다 보니 나의 힘든 부분에 대한
이야기가 나왔고 들어주기만 해도 위로가 될 것 같았다.

그렇지만 세상일이 늘 그렇듯
결과는 다르게 전개되었다.

공감한다며,
나는 그것보다 더 큰 걸 경험한 적이 있다며
상처에 소금을 잔뜩 뿌렸다.

나는 그 자리를 빨리 끝내고
집으로 돌아와 아파했다.

그저 들어주기만 하면 되는 일이었는데,
굳이 꺼내지 않아도 될 이야기를 꺼내어
나를 더 힘들게 한 그 친구가 미웠다.

다른 날에는 좋은 일이 있어 친구에게 말을 전했다.
역시나 비슷한 반응이 돌아왔었다.

나도 이전에 그런 적이 있다고 그 기분 안다고,
그날도 얼른 자리를 뜨고 집으로 왔다.

불쾌했다.

내 아픔과 기쁨은 아무것도 아니라는 듯이,
자신의 우월감으로 이용하고
내 인생을 자신의 인생과 비교하는 친구가 미웠다.

공감이라는 건 그런 것이 아니다.
답을 내어 달라는 것이 아니다.

묵묵히 들어주기만 해도 되고
고개만 끄덕여 줘도 되는 것이다.

내가 덜 상처 받기 위해서는,
내 감정이 아프지 않고 불편하지 않아야 한다.

나를 위해,
과감히 끊어 낼 줄도 알아야 한다는 것을 잊지 말자.

계절마다 피는 꽃

봄에는 벚꽃과 목련이
여름에는 장미가
가을에는 코스모스가
겨울에는 동백이 피듯이

우리도 저마다의 계절과 꽃이 피는 시기가 다르다.

내 마음이 추운 겨울이라고 해서
찬란하지 않지 않은 게 아니듯.

저마다 피는 시기가 달라서 그렇다.
틀린 게 아니다.

자신만의 계절이 있다는 게
얼마나 매력적인가.

나 돈 좀 빌려줘

뭐든 나눠 주는 것을 좋아한다.

내가 줄 수 있는 선에서는 모두
나에게 남겨진 게 없더라도 모두

받는 것을 생각하지 않고 주어야 행복하다.
받는 사람이 취향이 아니었어도
고맙다고 하면 마냥 행복하다.

하지만 한가지 안 하는 행동이 있다.
금전 거래

금전 거래를 하게 되면 받을 마음이 안 생길 수가 없다.
그래서 그냥 준다고 생각하고
빌려준 적도 대다수 있었다.

오랜만에 연락하는 것은,
보통 두 가지로 나뉜다.

돈이 필요하거나, 돈을 빌려달라거나.

그 사람의 기준에서는 갚을 수 있다고 생각해서
빌려달라고 하는 것이 대부분일 것이지만
상대는 나를 다 모르지 않는가?

역시 빌려주는 사람 입장은 다르다.

그 액수가 내 재산의 전부일 수 있고
갑자기 연락해서 돈을 빌려달라는 사람에게
줄 만큼의 마음도 없다는 사실을 모를 거다.

그럴 때는 상대방 기분이 상하더라도
거절하는 것이 좋다.

거절은 잠시지만 받을 땐
갑을이 바뀌는 경우가 대부분.

서로 마음만 상할 것이 분명하기 때문이다.

누구든 돈이 엮이면 세상이 피곤해진다.
잠깐의 기분만 나쁘면 편하게 생활이 가능한데
그 거절이란 게 참 어렵다.

우리는 냉정해 보일지라도 거절하는 연습도 필요하다.
당신은 돈 따위보다 가치 있는 사람이니까.

첫차는 누군가의 막차

얕은 잠을 자거나 잠을 못 자는 경우가 많다.

아침, 아니 새벽엔 진한 아이스아메리카노를 탄다.

창밖을 보면 벌써 불이 켜진 집이 많다.
새벽 근무를 끝내고 들어오는 사람들과
이제 막 나가는 사람들의 불빛들로 조용히 붐빈다.

참 봐도 봐도 생소한 광경이다.

각자 다른 기준과 패턴으로
열심히 살아가는 걸 보고 있으면
부럽기도 하고 얼마나 출근하는 게 싫을까 생각도 든다.
평일에 출근하고 주말에 쉬는 일을
꽤 오랫동안 해왔기 때문에 마음을 조금은 알 것 같다.

금요일,
해방과 동시에 무언가 막혀있던
주말을 넘기고 일터를 향하는 마음은
물먹은 솜처럼 한참 아래로 내려가 있겠지만

모두 각자의 중간 정거장이 있을 것이라고 믿으며
멍한 눈으로 불빛들의 움직임을 바라본다.

첫차가 출근인지 퇴근인지는 중요하지 않다.
당신의 땀방울이 모여 움직이고 있는
하루가 소중하다는 사실이 중요하다.

응원합니다,
오늘 새벽도 그리고 내일의 당신도

있는 그대로 사랑해

'내가 아닌 모습으로 사랑받느니
있는 그대로 내 모습으로 미움받겠다.'

커트 코베인의 말입니다.

우리는 누군가를 사랑할 때,
상대를 바꾸려 하는 성향이 있다.

상대의 말대로 바뀌게 된다면,
우리는 자신 모습을 잃게 되고
상대의 말만 따라 바뀌었던 과거 때문에
미래에는 본모습을 지키기 어렵다.

상대가 원하는 모습으로 바꾸는 게 아니라
나를 위해, 내 의지로 바뀌어야 한다.

미움받을 용기를 무릅씁시다.
행복한 미래가 옵니다.

향내

18년간 뿌린 향수가 있다.
가격이 두 배가 비싸질 만큼.

처음엔 어린 마음에
빨리 어른이 되고 싶어 산 향수였다.
쓰다 보니 5년이 되고 10년이 되고
18년까지 쓰게 되었다.

내 지인들은 오랜만에 만나면
제일 먼저 하는 이야기가
'아직도 이 향수, 쓰는구나' 일 정도로
내 향기가 되었다.

누구에게나 이런 향이 있다고 생각한다.

굳이 향수를 뿌리는 게 아니더라도
그 사람만의 향이 분명 존재한다.

섬유유연제의 향기라든지
그냥 그 사람 특유의 향내.

향으로 사람을 기억한다는 것,
정말 낭만적이다.

장면은 희미해 지지만 향은 점점 진해지기 마련이다.

그 향내로 기억 속에 오래도록 남는 당신이
그리고 내가 되길 바란다.

비 온 뒤 흐림

비 온 뒤 맑음이라는 말이 있다.
'고생 끝에 낙이 온다'와 일맥상통하는 단어

난 그 말이 참 싫다.

왜 무조건 비가 온 뒤면 맑아야 하는 걸까
흐린 사람도 있을 건데.

불행 뒤에 불행이 숨어, 다시 괴롭힐 줄도 모르고
꼭 성공하라는 말 같아서 강요로 들릴 때도 있다.

어여쁜 당신,
흐림이어도 괜찮다.

먹구름이어도,
더 많은 비가 내려도 괜찮다.

당신은 꼭 맑지 않아도,
대단한 사람이 아니어도 된다.

충분히 당신만의 매력이 있으니까.

피해자만 오는 병원

우울증이라는 건,
보통 상처받은 사람들이 생기는 경우가 많다.

그런데 이 상처는 어디에서 온 걸까?

분명 상처를 준 사람은 있는데,
같이 손 붙잡고 오는 게 아니라
상처를 받은 사람만 병원에 찾아간다.

우리도 무의식적으로 항상 남에게 상처를 주고 있다.
나도 가해자일 수 있다.

하지만 가해자인지도 모른다,
일단 내 상처가 아프고 내가 힘이 드니까.

아무리 내 인생이지만,
남에게 어떠한 영향을 끼치고 있을지
모르는 일이라는 말이다.

한 번쯤 생각해 봐야 할 것 같다.
나는 피해자인가, 가해자인가.

핫팩 같은 따스함

하루면 식어버릴,
아니 하루도 안 되어 식어버리는 핫팩

그런 마음이 꽉 찬 마음이라고 생각한다.

24시간의 시간보다 짧고,
삶의 시간보다는 더 비교할 수 없을 만큼 짧지만

핫팩에게는 모든 일생 모든 순간이고,
모든 게 함축된 시간이니 더 소중할 거다.

그처럼,
사람의 기준도 핫팩의 시간처럼 다르다고 생각한다.

어떤 사람은 돈이 세상에 전부일 수 있고
어떤 사람은 꿈이 세상에 전부일 수 있고
또 어떤 사람은 사랑이 세상에 전부일 수 있는 것처럼.

남의 기준을, 가치관을 재단하지 말아야 한다.
상대방의 전부를 재단하는 일과 같으니까

곰팡이 핀 벽지

하물며 곰팡이 핀 벽지도 제거하지 않고 덧바르면
다시 위로 올라오는데,

마음의 상처를 사람으로 덮겠다고
마음대로 하지 마세요.

상처도 덧나면 굉장히 아프거든요.

북향의 방

방이 북향이면 해가 잘 안 들어온다.
반지하 같은 느낌이 들 때가 있다.

그럴 땐 창가에 조명을 달아 둔다.
마치 해가 뜬 것 같은 환한 조명으로

마음만 먹으면 뭐든 바꿀 수 있다.
창의 방향과 햇빛의 양까지도

마음을 다르게 가진다는 건,
어쩌면 해를 대신할 전구를
사러 나가는 일 같은 것일지 모른다.

방향을 바꿀 수도 있을 만큼 큰 의밀 가질 수 있다.

당신의 세상에도 빛이 깃들길 바라며.

가장 중요한 것

우리는 살면서 가장 중요한 것들을
꽤 많이 잊고 살아간다.

가족의 사랑, 나의 건강, 관계의 소중함, 그 외의 많은 것.

익숙함에 속아 소중함을 잊는다고들 하지만,
잊지 않으려고 노력해도 잊히는 것들이
의외로 많이 있다.

그만큼 더 많이 생각하고 아끼고
수시로 들여다보아야 한다는 의미가 아닐까?

시간 없다는 핑계는 이제 지겹다.

정말 시간이 없어도 연락 한 통 해주는 것.
그것만으로도 상대는 살아가는 힘을 얻을 수 있다.

많이 접하여 뻔하다고 생각했던 말

'익숙함에 속아 소중함을 잃지 말자.'

소중한 것을 잃지 말자.

남의 떡이 더 커 보인다

우린 가지지 못한 무언가를 갈망한다.

하지만 막상 가지고 보면
나에게는 별것 아닌 그런 것들,
있어도 되고 없어도 되는데도

상대방도 마찬가지일 거다,
내 장점이나 사물을 부러워하고
가지고 싶다고 생각하며
눈독 들이고 있을 거다.

서로 부러워할 필요 없다.
비교할 필요는 더더욱 없다.

내가 무엇을 가지고
무엇을 간직할지는 나만이 선택할 수 있다.

그 선택이 자신의 인생에 가장 잘 어울리니까.

아직 나에게 어울리는 것이 무엇인지 잘 모르겠다면 다양한 것들을 많이 접해보자.

경험은 많은 걸 알려준다.

신호등 앞 정지선

도로를 운전하다 보면,
차가 쌩쌩 달리는 곳이라도 횡단보도가 있는 곳이 있다.

물론 그 앞에는 정지선이 있고
사람과 차의 안전한 적정선이다.

그렇게 사람과의 관계에도 적정 거리가 있다.

마음에 빨간불이 들어왔는데,
배려의 적정 거리를 넘으면 오지랖이 되고
배려를 안 해주는 것보다 못하게 된다.

우리는 적정 거리를 얼마나 잘 지키고 있을까?
그 적정 거리의 중요함을 잊은 건 아닐까.

동그라미로 태어나는

우리는 세상에 태어날 때,
동그란 마음을 가지고 태어났다.

넘어지고 다치고 쓰러지고 일어서고 모나고 깎이는
인생을 살면서 조각들이 떨어져 나갔다.

그래서 보석 모양이 된 사람도 있고
별 모양이 된 사람도 있을 거다.

꼭 둥글게 살지 않아도 된다.

어떤 모양이든
각자 모습으로 있을 때 더욱 빛나니까.

나만 그런 줄 알았지

나만 아프고 나만 힘든 줄 알았다.

그런데 나와 비슷한 사람들이 하나둘 나타나고
비슷한 아픔을 겪으며 살아가고 있다는 것을 느낀다.

우린 모두 다르면서도 같은 사람이다.

그래서 남에게 더 말 못 하는 고민이 생겨
혼자 속으로 끙끙 앓기만 하고 있다.

같은 아픔을 가지고 있을지 누가 알까
마음을 덜어줄지 누가 알까.

누가 나에게 힘들었냐고 물어보면
쏟아질 것만 같은 날, 그런 기분 누구에게나 다 있다.

말하기 어렵다면 혼자 보는 일기에라도 털어놓아 보자.
펜은 말하기 힘든 마음을 다 알고 있다.

엄격한 기준

왜 나에 대한 기준에만 엄격하고
남에 대한 기준은 흐물흐물하게 딱 부러지지 못할까?

남은 바꿀 수 없고 나는 바꿀 수 있을 것 같기 때문일까?

그렇지만 나도 안 바뀔 수 있고
힘들고 울고 싶을 수 있지 않을까.

남을 배려하고 챙기면서까지
자신의 마음을 무시하지 말자.

오늘은 아무것도 안 하고 누워만 있자,
휴식이 필요하다는 신호가 왔으니

우리, 힘들고 싶어서 힘든 거 아니니까
스스로 더 몰아세우는 건 너무 아프니까

한걸음 뒤로

심각하고 안 풀릴 것만 같은 일이 생기면
우리는 한 걸음 더 다가가 자세히 보려고 한다.

과연 그게 맞는 걸까?

걸음을 멈추고
한걸음 뒤로 돌아가서 멀리서 보는 건 어떨까

다른 시선으로 보면
보이지 않던 것도 보이지 않을까?

자세히 보아 좋은 것도 있겠지만
가끔 멀리 봐야 보이는 것들도 있다.

꼬여있던 실타래도 점으로 보이듯
큰일이 아닐 가능성이 높다.

한 걸음 뒤로 가서 바라본 세상
꽤 아름답다.

사용한 사람

누구에게나 필요한 사람이 있다.

그렇지만 쓸모가 사라지면 버려지는 사람도 많다.
자신의 쓸모와 용도가 다 되면 버림받는 거다.

한번 당해본 사람은 눈치껏
그럴 것 같은 사람을 피하려고 한다.

우리에게도 그런 사람들이 있다.
남 탓만 할 일이 아니라는 말이다.

사람의 쓸모를 보고 다가가면
쓸모가 끝나면 끝이다.

소중하게 여길 것이 아니면 다가가지도
먼저 마음을 내주지도 말자.

쓸모로 인해 행복한 건 잠시이지만
다치는 건 모두가 될 것이다.

가면을 벗고

매일 들르는 곳이 생겼어요.
가면 가게예요.

미소 띠는 가면도 있고 무표정의 가면도 있어요.

아침마다 고민해요.
어떤 것을 사야 좋을까
어떤 것이 오늘에 잘 어울릴까.

결국 오늘도,
마음 상태와 반대로 하나 골라 쓰고 가요.

그 가면 가게는 바로 내가 가장 편안한 곳에 있어요.
삭막한 곳에 있을 것 같지만 가장 가까운 곳에.

내일 들르는 단골손님이 있는데
좋지만은 않은 기분이에요.

가장한 슬픔엔 눈물이 없고
가장한 기쁨엔 진심이 없고
가장한 나는 내가 없으니.

좁은 창틈 사이로

바람은 보이지 않는다.
하지만 느낄 수는 있다.

바람은 창이 넓은 사람보다
창이 작은 사람에게 더욱 강하게 느껴진다.
좁은 틈일수록 더욱 차갑게, 세게 불어오기 때문이다.

우리는 창을 넓게 열어둘 필요가 있다.

햇살과 바람의 움직임과 나뭇잎의 향연을
더 선명하게 볼 수 있다.

닫혀있던 창을 열어보자,
닫혀있던 마음을 열어보자.
어렵지 않다.

좁은 틈보단 더 넓은 세상을 바라보기 위해
활짝 용기를 내보자.

엉망인 하루

원치 않는 이유로 엉망인 하루가 있다.

그럴 때,
일부러 하루를 더 엉망으로 지낸다.

책 읽는 차례를 순서대로 읽지 않고
마음 가는 대로 읽는다든가
규칙적으로 해왔던 일을 하루쯤 안 한다든가

순서대로 살지 않아도,
내 마음대로 지내면 묘하게 기분이 좋아진다.

마음이 황폐하고, 아무것도 하기 싫은 날엔
반대로 지내보자.

상상하지 못한 기분들을 느끼기 좋은 한 방법이다.

흐르는 것

흐르는 것은 무엇이 있을까?

흘러가는 강, 바다의 물결, 창에 흐르는 비, 그리고 눈물.

여기서 우리가 마음대로 할 수 있는 건
눈물밖에 없다.

하지만 눈물도 흘러가게 두면 자연의 섭리처럼
편안하고 평화로워진다.

그러니까 우리 참지 말자,
흐르면 흐르는 대로 그렇게 살자.

물속 빙하

사람은 마치 빙하 같다.

물 위로 나와 있는 부분은 얼마 없지만
보이는 부분에 더 치중하며 살게 된다.
빙하는 물속에 있는 덩어리가 더 큰 법이다.
그렇게 자신을 많이 숨기며 살아간다.

하지만, 어쩔 수 없다.

그렇게 하지 않으면,
자신의 중심이 흐트러지고
약점이 보여 이용당하기 딱 좋다.

잿빛 세상 속에 살아가는 방법을 터득한
빙하들이 살고 있는 추운 세상이다.

들꽃이 핀 자리

화분보다 들꽃이 더 좋다.
어딜 가나 볼 수 있는 그런

화분은 이리저리 옮겨 다닐 수 있어 편리하지만
심어진 꽃은 넓은 땅을 느낄 수 없다.

그리고 나만 볼 수 있다.
일부러 보여주지 않는 이상

온실 속의 화초보다는
들꽃 같은 사람이 되려 한다.

작은 바람에도 흔들리고 쓰러져도
어디에서나 언제나 볼 수 있게.
곁에 머물 수 있게.

담장 위 유리 조각

우리는 보호를 위해,
담장 위 철조망을 세워가며 자신을 지킨다.

왜 그런지 곰곰이 생각해 봤다.
두려움을 마주치기 싫어서였다.

내 마음이 집이라고 한다면,
강도가 들 수도, 위험한 동물들이 침범할 수도 있다.

강도나 험한 동물들은 마음의 걱정이다.
걱정이 되니 두려움도 커지는 법이고

막상,
걱정을 마주해 보면 별것 아닌 일들이 참 많고
해결할 수 있는 일도 참 많다.

두려움을 직면해 볼까요?
언제까지 철조망에 찔려가며 쌓아 올릴 수만은 없으니

찔려가며 쌓아 올리기에는
당신의 하얗고 부드러운 마음이 너무 소중하다.

웃자고 한 말

그래요,
당신은 웃자고 한 말이겠죠.
근데 웃음이 나지 않네요.

왜일까요?
당신이 깎은 내 자존심과 상처 난 마음 때문입니다.

자격지심이라고 헛소리 마세요.
말도 안 되는 말 좀 하지 맙시다.

상대에게 했던 것, 똑같이 해봐요.

이제 당신을 만나지 않기로 했습니다.
무례함을 모르고 같은 농담을 계속하는 사람은
버리는 방법밖에 없으니까.

하하,
웃자고 한 말입니다.

용기라는 백지

내 마음속 세상도 한 장만 넘기면 백지가 되는
스케치북 같다면 얼마나 좋을까.

가끔 그럴 때 있다.
모든 걸 초기화해 버리고 싶을 때.

백지의 마음이 되면,
새로운 나의 색을 칠할 수도 있고
과거의 색을 다시 쌓아갈 수 있을 것 같다.

백지의 세상은 그런 곳은 아니다.

우리가 그동안 쌓아왔던,
아름다운 추억들도 함께 사라져 버리고
그동안의 내 노력도 물거품이 되어버리는 거다.

잘 찾아보자,
귀퉁이에 새하얀 백지가 조금 남아있다.
그건 온전히 당신 것이다.

아무도 막 칠할 수 없는,
용기라는 백지.

지우는 것보다는,
새로운 나를 쌓아가는 것이 현명하다.

포기하자

지금의 삶이 너무 벅차다면,

포기해도 괜찮다.
하고 싶은 일만 하며 살아도 괜찮다.

남이 정해준 삶은, 내 삶이 아니니.

너는 뭐가 되고 싶니

뭐라도 되지 않을까,
행복한 사람 불행한 사람 또는 평범한 사람.

어째서 직업으로 행복을 판단할까?
어째서 권위로, 돈으로 판단할까?

행복한 사람이 되고 싶다.

바람을 느낄 줄 알고
생명의 소중함을 알고
사람의 감정을 읽고 배려해 줄 수 있는 그런 사람.

그런 사람이 되고 싶다.

돈으로 명예로 판단하여 물어보지 말고
행복의 의미로 묻는 세상이 왔으면 좋겠다.

또,
아무것도 안 되면 어떤가.

당신은 이미 충분히 빛나고 있다.

덕분에 고마워

'덕분에' 라는 말을 좋아한다.

'때문에' 보다 억양이 부드러워서가 아니라
상대를 배려하는 마음이 담겨있기 때문이다.

'고마워' 라는 말을 좋아한다.

'미안해' 라는 말보다 진심이 느껴지지 않아서가 아니라
'고마워'에 '미안해' 가 포함되어있다고
생각하기 때문이다.

이렇게 언어 온도는 사람마다 다르다.

저의 온도는 이렇습니다.
당신의 온도는 어떤가요?

후회를 맡기다

예기치 못한 상황에 어려운 일이 닥쳤을 때
어떻게 행동하시나요?

타인에게 조언을 구하는 성격인가요?
아니면 나에게서 답을 찾는 성격인가요?

둘 다 나쁘지 않은 방법이지만
결과에 다른 점이 있다.

타인에게 조언을 구해 행동한 사람은,
실패하면 상대의 탓으로 돌리고 후회하고

나에게서 답을 찾는 사람은,
실패해도 누구를 탓할 수도 없을뿐더러
자신에게 탓을 돌리며 경험이라고 생각할 수 있다.

사람이란 자신 잘못을 웬만해선 인정하지 않으니까.

당신은 후회할 것인가?
내 선택으로 경험할 것인가?

빛의 온도 차

긍정적일 때와 부정적일 때 중에서
희망은 언제 더 빛이 난다고 생각하는가?

나는 부정적일 때에 더 빛이 난다고 생각한다.

희망이라는 건 별과 같아서,
가로등이 흔하게 있는 도시들보다
깜깜한 시골길에서 별도 더 많이 보이고
어두운 곳에서 더 크게 시작된다고 생각한다.

사실 희망을 생각해 본 적이 많이 없는 거 같다.
그저, 터널 속에 빛이구나 정도로만 생각했을 뿐

각자의 어둠에서 빛이 보이면 그게 희망일 거다.

멀 수도 있고, 힘이 들 수도 있겠지만,
그 빛을 따라 천천히 따라가다 보면
분명 희망이 각자 행복으로 데려다 줄 거다.

어둡다고 막막하다고 울지 말자.
언젠가 반짝 크게 빛나는 날이 올 것이다.

멋쟁이 할머니

나는 커서 멋쟁이 할머니가 되는 게 꿈이다.

그렇게 되려면 일단,
나 자신을 가꾸어야 한다.

먼저, 루틴을 정해두고 깨트리지 않기 위해 노력한다.
멋있어지는 첫 번째 방법은 나를 가꾸는 것이기 때문에.

너무 막연하고 어렵다 생각이 들 수 있지만
생활 패턴을 바꾸려면 행동해야 한다.

'내일부터 해야지' 말고 지금 당장.

내일로 미루면 또 내일로 그리고 또 내일로 밀린다.
밀린 숙제처럼

아주 사소한 계획을 세우고
해낸 자신을 칭찬해 주자.

하루에 한 가지만 해내도 대단한 일을 해낸 거다.

잊지 말고,
하루에 한가지 꼭 해내기.

어른 그리고 어른이

어른이 되면 할 수 있는 것들이 많아진다.

할 수 있는 건 많아졌지만,
망설이고 걱정하는 것들이 더 많아지기도 한다.

그래서 어른일 때가 더 할 수 있는 게 없다.
용기는 어릴 때 다 쓰고 오는 걸까?

하고 싶은 일은 정말 많은데, 속상하기만 하다.
어린 마음으로 하고 싶은 일 하고 살고 싶다.

네가 먼저 연락해

연락 한 통 하는 게 그렇게 어려운 걸까?
내가 먼저 연락하지 않으면 오지 않는 연락들

먼저 연락해도,
며칠이 지나 답장이 오는 문자들
받지 않는 전화들

새삼 느껴진다.

비어버린 나의 깊이를 채워 줄 마음이 없구나,
그저 그런 사이인 거구나.

파도로 바위 깨기

시간이 빠르게 해결해 줄 수밖에 없는 일들이 있다.

마치 물로 바위를 쪼개는 일 같은 것

바위에 바닷물을 붓는다고 생각하고 있으면
언제 깨지나, 깨지기나 할까, 이런 생각이 든다.

하지만 작은 모래알들에 파도가 스치면
예쁜 소리가 나면서 조금씩 부서져 나간다.

어떠한 계획도 같다.

큰 계획은 쉽게 해결되지 않는다.
작은 것부터 천천히 해야 한다.

그래야 우리가 더 동글동글하고 단단하게
그렇게 나다워질 수 있으니까.

사랑은

몸이 아팠다, 마음보다 먼저.

생각해 보면 항상 그랬다.
먼저 아파야 할 마음보다 몸이 먼저 앓았고
그 시간이 지나면 어김없이 마음을 앓았다.

마치 전야제라도 치루듯이 그렇게.

그렇게 다 지나가면 마음은 놓아 줄 생각이 없다는 듯
몇 달을 아팠고 몇 년을 아파했다.

마음이 다 헤질 때까지 그렇게.

그러다 어느 순간 툭, 놔버리면 씻은 듯이 나았고
다른 사람을 또 찾아 헤맸다.

그동안의 열병은 잊어버린 채로.

4장

말이 없는 지평선 끝에서

안녕하세요. 그리고 안녕히 계세요.

저는 꽤 먼 곳으로 여행을 떠나왔어요.

아주 오랜 시간이 지나고 나면,
저를 보러 와주실래요?

기다릴게요.

저는 지금 출구가 보이지 않는 터널을 지나고 있어요.

깜깜하고 끝은 보이지 않고,
천장과 바닥에는 물이 흥건하게 떨어져 있어요.
밝고 높은 곳으로 온 것 같았는데,
더 깜깜하고 지하보다 낮은 곳인 것 같아요.
이 길은 살면서 불행했다고 느낀 만큼의 길이래요.

다른 사람들은 어땠을까요?

오랫동안 걸었더니 다리가 아파요,
그래도 저 멀리 빛이 희미하게 보이네요.
이제 터널을 나갈 수 있을 것 같아요.
고지가 코앞이네요.

나가면 뭐가 기다리고 있을까요?

여기는 전에 와본 곳 같아요.

날씨는 우중충하고, 구석에 달이 걸려있어요.
제가 좋아하는 날씨와 달이에요.
왠지 느낌이 나쁘지만은 않네요.
걷는 길이 조금 외로운 것 빼고요.

터널만 이어질 것 같았는데,
숲속 끝 절벽에 바다가 보여요.
바다가 얼마나 보고 싶었는지 몰라요.
그렇지만 절벽이라 들어갈 수가 없네요.
바람도 많이 불어서 파도도 높아요.

그런데 색이 이렇게 맑다니,
참 이상한 일이죠.

여기서 며칠이 지난 걸까요?
해도 뜨지 않고, 달도 그 자리에 있어서
며칠이 지난 건지 모르겠어요.
만질 수 있는 절벽 끝만 매만지며 바다만 보고 있어요.

저는 처음 온 그대로예요. 그 느낌 그대로,
왜 아무것도 변하는 게 없는 걸까요.

너무 답답해요.
좋아하는 것들을 앞에 두고도
이젠, 하나도 기쁘지 않아요.

그냥 여기서 나가고 싶은 마음뿐이에요.

다시 돌아가려, 어두운 동굴 속으로 들어왔어요.
길을 잃어서 한참이나 헤매었어요.

그런데 여긴 처음의 그 동굴이 아닌가 봐요.
따뜻하고 빛이 살짝 비추는 느낌이 들어요.

갑자기 하얀 물고기 한 마리가 나타나서 말을 걸어요.

따라오라는데, 가야 할지 말아야 할지
고민도 못 하게 다리가 안 움직이네요.
잠시 누워야겠어요.

깜빡 잠이 들었나 봐요.
눈을 뜨니까 아까 그 하얀 물고기가 보여요.
물고기가 친구를 데려왔나 봐요.
그런데 모두 울고 있어요.

미안해요, 울려서.

하얀 물고기가 자꾸 산소통을 주며
바다로 들어가자고 해요.

파도가 저리 치는데 어떻게 가냐고 했더니,
물속은 잔잔하고 아름답대요.
무서웠지만, 마침 지겨워진 참에 가볼까 해요.

산소마스크를 끼고, 산소통에 이어진 긴 줄을 붙잡고
무서움 반 설렘 반으로, 바닷속으로 뛰었어요.

생각했던 것보다 정말 아름다웠어요.

그거 아세요?

물속에서도 달이 보여요.
그것도 선명하게요.

그런데 왜 자꾸만 숨이 막히죠?
얼른 물 밖으로 나가자고 해야겠어요.

그런데 말이 안 나와요.
역시 물 속이라 그런가 봐요.

하얀 물고기를 툭툭 치며 위로 올라가자고 했는데,
한 번 들어오면 못 나간대요.
녹아서 물이 되는 수밖에 없대요.

저 물속 멀리서 시뻘건 불더미가 다가오고
몸이 점점 뜨거워지고 있어요.
손도 발도 점점 물에 녹아내리고 있어요.

결국 다 녹아 가루가 되어버려서
파도에 몸을 맡기는 수밖에 없어요.

하얀 물고기가 갑자기 사라졌어요.
저랑 똑같이 물에 녹아 버린 걸까요?

그건 그렇고 정신이 멍해져요,

안 되는데,
우리 가족들이랑 거닐어야 할 곳이 많은데.

저 멀리 울음소리와 함께
수풀이 우거진 험난한 길을 빠져나온 사람들.

파도 속에 갇혀
가지 말라 소리쳤지만 아무도 듣지 못했다.

우리, 아주 나중에 여기서 여행해요.
아주아주 나중에,

여전히 달이 비추고 맑은 파도가 치고 눈이 내린다.
조금은 포근해졌다.

유서

나의 죽음이 헛되지 않았기를.

세상의 많은 것을 보고 느끼며
'좋은 생이었다.' 생각하며 떠났기를.

아픔과 후회는 있었을지 몰라도
하고 싶고, 이루고 싶었던 것들 많이 이루며 살았기를.

사랑하는 사람들이 아프지 않기를.
나의 죽음이 당신들에게 슬픔으로 뒤덮이지 않기를.
가끔 마음속에서 꺼내어 보면
아름다운 추억으로 남아있기를.

사무치는 눈꽃과 파도에도
눈물 흘리지 않기를, 항상 행복하시기를.

나 또한 행복한 여생을 마치고 돌아가는 길이기를.

글을 닫으며

사실 저는 머리말을 먼저 읽지 않습니다.
글의 끝을 먼저 보고 눈에 담습니다.

내 생각을 마음에 담고,
상대의 의도를 생각하며 읽는 게
더 즐겁기 때문입니다.

이 책을 다시 펴보게 되는 날에는,
그렇게 읽어주셨으면 하는 바람입니다.

독자님들의 생각과 느낀바,
그리고 그 무궁무진함이 궁금합니다.

저도 독자님들을 위해,
더욱 궁금해지는 작가가 되도록 노력하겠습니다.

마지막 페이지까지 함께해주셔서 감사합니다.

그리고 마지막으로,
제 글을 사랑 해주셔서 다시 한번 감사드립니다.

그리고 제 사람들과 독자 여러분들 모두 애정합니다.
제가 많이 응원하고 있어요.

당신은 흐린 날에도 빛나는 무지개 같은 사람입니다.
날이 흐리다고 희망을 잃지 마시길 바라며.

_겸 드림

희미하지만 빛나고 있어

초판 1쇄 인쇄 2025년 06월 05일
초판 1쇄 발행 2025년 06월 05일

지은이　　이겸

디자인　　포레스트 웨일
펴낸이　　포레스트 웨일
펴낸곳　　포레스트 웨일
출판등록　제2021-000014 호
주소　　　충청남도 아산시 탕정면 용머리길 40 유니콘101 216호
전자우편　forestwhalepublish@naver.com

종이책　　979-11-94741-23-7

ⓒ 포레스트 웨일 | 2025
· 이 책은 저작권법에 의하여 보호받는 저작물이므로 무단 전재와 복제를 금합니다.
· 이 책 내용의 전부 또는 일부를 이용하려면 사전에 저작권자와 포레스트 웨일의 서면 동의를 얻어야 합니다.

작가님들과 함께 성장하는 출판사
포레스트 웨일입니다.
작가님들의 소중한 원고를 받고 있습니다.
forestwhalepublish@naver.com